McGowan

*66 TRANSLATIONS FROM
    LES FLEURS DU MAL*

66
Translations from Charles Baudelaire's
LES FLEURS DU MAL

James McGowan

SPOON RIVER POETRY PRESS
1985

This book is printed in part with funds provided by the Illinois Arts Council, a state organization, and by the National Endowment for the Arts. Our many thanks.

Cover: "Spleen," original wood engraving by Fred Brian, Stillwater, Minnesota. Interior art: "To the Reader," "Spleen," "Voyaging," and "Dusk," original wood engravings by Fred Brian. Used with the permission of the artist.

Typesetting by D J Graphics, Peoria, Illinois
Printing by M & D Printers, Henry, Illinois

Published by Spoon River Poetry Press, P. O. Box 1443, Peoria, Illinois 61655.

ISBN 0-933180-70-5

FOREWORD

One with the temerity to offer for sale one more translation of the work of a major poet like Charles Baudelaire owes the public some explanation. The need has been for a late twentieth-century *Flowers of Evil* faithful in a contemporary idiom to both the letter and the spirit of the original, to that peculiar meeting in Baudelaire of Dionysus and Apollo: strong poetry, then, to satisfy the scholar and thrill the reader. A lot to try for.

I began translating Baudelaire for fun, but soon became caught up in the serious challenges of this teasing and frustrating work. I had been writing poetry for years, and to my surprise I found that translation was almost as stimulating as doing my own work—indeed, remarkably creative, within severe limitations. One doesn't, of course, take liberties in "creating" one's author's text; rather the effort is to re-create in English what is so impressive in the poet's native language. Simply put, the primary creative process has been accomplished by Baudelaire, but the secondary remains to be done if he is to be read and his greatness understood by those with no French. The translator perforce becomes the (unbidden) colleague of the great poet—a situation both heady and humbling.

As I proceeded to check other English translations of Baudelaire, I noticed that most translators have had a program, a fairly inflexible approach to the problem of re-creating Baudelaire's poetry in a language not its own. For instance, Edna St. Vincent Millay and George Dillon have insisted on maintaining in English Baudelaire's 12 syllable Alexandrine line, and on rhyming every poem, according to Baudelaire's practice. Richard Howard, on the other hand, gives over the Alexandrine in favor of that standby in English, the iambic pentameter line, and he does not attempt regular rhyme. I am sympathetic to both of these approaches. One does long to be faithful to every detail of his colleague's work, in manner as well as matter; still, one must face the fact that the Alexandrine has rarely been used successfully in English or American poetry, and it does tend to sound padded to the ear attuned to the great pentameters of Shakespeare, Wordsworth, Frost. As for rhyme, French rhyming sounds can only very rarely be duplicated in English, and the great risk is that as one contrives rhymes, the sense and imagery of the original passage may become distorted. It is a grave matter to adjust a poet's images—his substance—in the name of adherence to his form.

My procedure, then, has been to vary my practice, poem by poem: I do not have a program. What I *do* believe is that the *formality* of Baudelaire's work must be acknowledged, and as far as possible replicated. As "modern," as frequently outrageous, as he is in subject and imagery, he is conservative, basically traditional in form. Indeed this tension between romantic subject and classical form (I oversimplify, but the point must be made) is for me the wonder of Baudelaire's poetic voice. The translator must attempt in some way, in every poem, to capture this tension: to miss it is to lose Baudelaire. Whenever I have attempted a Baudelaire poem originally written in the Alexandrine line, I have produced several versions of it before deciding on the one I finally most approve. I do one in 12 syllables, one in iambic pentameter unrhymed; then I try to rhyme, usually first in the 12 syllable line, since it provides more room. Then I do a rhymed iambic pentameter, or perhaps an off-rhymed version or one rhyming alternate lines. Finally I judge which is best, which captures as much as possible of the formality of the original without unconscionably distorting the images and sense. This is a laborious method, but it is how I believe I can most faithfully serve my great colleague.

I have a second allegiance, too, one no less important than that I feel to Baudelaire. It is to the English-speaking reader of poetry. My obligation to this reader requires me to produce in every case, to the best of my creative ability, a poem that will provide the same kind of satisfaction to be gained from reading poetry originally created in English. In other words I believe that I act *as a poet* when I am translating, as I do when I am writing my own poems; I believe that translations of poet by poet should be held to the standards one maintains for original poetry.

Two further comments. Some of Baudelaire's poems do not employ the Alexandrine (e.g. "L'Invitation au Voyage"). Where this is the case I have tried to be very faithful to the movement of the shorter line. Also, I occasionally use triple meter in these translations, for instance in "To the Reader." It just seems right for some poems: once I had tried "La Beauté," "La Mort des Pauvres," and especially "Au Lecteur" in triple meter, I could hear them in English no other way.

My special thanks go to my colleague at Illinois Wesleyan Salvador J. Fajardo, to Lou Olivier of Illinois State University, and to Frank Jones, formerly of the University of Washington, all of whom gave me invaluable advice and support, answering my questions and encouraging me to think of myself as a translator. I also thank for their encouragement Professor Albert Sonnenfeld of Princeton and my co-fellows in his Summer 1982 NEH Seminar on the Symbolist Movement. Finally, thanks to Joseph Meyers and Curtis White for reading and criticizing my Baudelaire manuscript, and to Carole D. Paul for proofreading the French.

—Bloomington, Illinois
April, 1985

CONTENTS

66

Translations from Charles Baudelaire's

LES FLEURS DU MAL

For Anne

*Qui me soutient
et qui tolére mes caprices.*

La sottise, l'erreur, le péché, la lésine,
Occupent nos esprits et travaillent nos corps,
Et nous alimentons nos aimables remords,
Comme les mendiants nourrissent leur vermine.

Nos péchés sont têtus, nos repentirs sont lâches;
Nous nous faisons payer grassement nos aveux,
Et nous rentrons gaiement dans le chemin bourbeux,
Croyant par de vils pleurs laver toutes nos taches.

Sur l'oreiller du mal c'est Satan Trismégiste
Qui berce longuement notre esprit enchanté,
Et le riche métal de notre volonté
Est tout vaporisé par ce savant chimiste.

C'est le Diable qui tient les fils qui nous remuent!
Aux objets répugnants nous trouvons des appas;
Chaque jour vers l'Enfer nous descendons d'un pas,
Sans horreur, à travers des ténèbres qui puent.

Ainsi qu'un débauché pauvre qui baise et mange
Le sein martyrisé d'une antique catin,
Nous volons au passage un plaisir clandestin
Que nous pressons bien fort comme une vieille orange.

Serré, fourmillant, comme un million d'helminthes,
Dans nos cerveaux ribote un peuple de Démons,
Et, quand nous respirons, la Mort dans nos poumons
Descend, fleuve invisible, avec de sourdes plaintes.

Si le viol, le poison, le poignard, l'incendie,
N'ont pas encor brodé de leurs plaisants dessins
Le canevas banal de nos piteux destins,
C'est que notre âme, hélas! n'est pas assez hardie.

Mais parmi les chacals, les panthères, les lices,
Les singes, les scorpions, les vautours, les serpents,
Les monstres glapissants, hurlants, grognants, rampants,
Dans la ménagerie infâme de nos vices,

Il en est un plus laid, plus méchant, plus immonde!
Quoiqu'il ne pousse ni grands gestes ni grands cris,
Il ferait volontiers de la terre un débris
Et dans un bâillement avalerait le monde;

Error and nonsense, mean-spirited sin
Live in our minds and belabor our flesh,
And we cherish our homely and friendly remorse
As wandering beggars make friends with their lice.

Our sins are unyielding, repentances lax;
We claim a rich profit confessing our flaws,
As we gladly return to the track through the mud,
Believing cheap tears will wash out all our stains.

Satan the Magus, encouched in his evil,
Bewitches at leisure our gullible souls,
And the glistening metal to strengthen our will
Is dissolved by his skill in the chemical arts.

The Devil it is who is pulling the strings
Which move us to lust after what we should hate;
Step after step we move closer to Hell
And accustom ourselves to the stink of the pit.

As a decadent lecher will mouth and devour
The battered old tit of a doddering whore,
We fly, as we pass, to a secret delight
Which we mangle and squeeze like a fruit without juice.

Like millions of maggots packed close in the skull
The Demons are swarming, and seethe in our brains,
And Death, when we breathe, finds a path to our lungs,
An invisible flowing of muffled regrets.

If the dagger and arsenic, arson and rape
Have not sweetly been woven within our designs—
Our banal self-portraits of pitiful fates—
It is only because of a failure of nerve.

But among all the panthers, the jackals, the hounds,
The apes and the vultures, the scorpions and snakes,
The yelping and snarling and groveling brutes
In the infamous zoo of the vices of man,

Only one is most wicked and ugly and foul!
Even though he makes scarcely a stir or a cry,
He would willingly devastate all of the earth,
And in one giant yawning would swallow the world;

C'est l'Ennui! — l'œil chargé d'un pleur involontaire,
Il rêve d'échafauds en fumant son houka.
Tu le connais, lecteur, ce monstre délicat,
— Hypocrite lecteur, — mon semblable, — mon frère!

He is Ennui!—whose eye drips a casual tear
As he dreams about gallows and sips on his gin;
Oh my reader, you know this fastidious fiend
—Hypocrite reader, my image, my twin!

Souvent, pour s'amuser, les hommes d'équipage
Prennent des albatros, vastes oiseaux des mers,
Qui suivent, indolents compagnons de voyage,
Le navire glissant sur les gouffres amers.

A peine les ont-ils déposés sur les planches,
Que ces rois de l'azur, maladroits et honteux,
Laissent piteusement leurs grandes ailes blanches
Comme des avirons traîner à côté d'eux.

Ce voyageur ailé, comme il est gauche et veule!
Lui, naguère si beau, qu'il est comique et laid!
L'un agace son bec avec un brûle-gueule,
L'autre mime, en boitant, l'infirme qui volait!

Le Poëte est semblable au prince des nuées
Qui hante la tempête et se rit de l'archer;
Exilé sur le sol au milieu des huées,
Ses ailes de géant l'empêchent de marcher.

Often, when bored, the sailors of the crew
Trap albatross, the great birds of the seas,
Mild travelers escorting in the blue
Ships gliding on the ocean's mysteries.

And when they have deposed them on the planks,
Hurt and distraught, these kings of all outdoors
Piteously let trail along their flanks
Their great white wings, dragging like useless oars.

This voyager, how comical and weak!
Once handsome, how unseemly and inept!
One sailor pokes a pipe into his beak,
Another mocks the flier's hobbled step.

The Poet is a kinsman in the clouds
Who laughs at archers, loves a stormy day;
But on the ground, among the hooting crowds,
He cannot walk, his wings are in the way.

Au-dessus des étangs, au-dessus des vallées,
Des montagnes, des bois, des nuages, des mers,
Par delà le soleil, par delà les éthers,
Par delà les confins des sphères étoilées,

Mon esprit, tu te meus avec agilité,
Et, comme un bon nageur qui se pâme dans l'onde,
Tu sillonnes gaiement l'immensité profonde
Avec une indicible et mâle volupté.

Envole-toi bien loin de ces miasmes morbides;
Va te purifier dans l'air supérieur,
Et bois, comme une pure et divine liqueur,
Le feu clair qui remplit les espaces limpides.

Derrière les ennuis et les vastes chagrins
Qui chargent de leur poids l'existence brumeuse,
Heureux celui qui peut d'une aile vigoureuse
S'élancer vers les champs lumineux et sereins;

Celui dont les pensers, comme des alouettes,
Vers les cieux le matin prennent un libre essor,
— Qui plane sur la vie, et comprend sans effort
Le langage des fleurs et des choses muettes!

Above the valleys, over rills and meres,
Above the mountains, woods, the oceans, clouds,
Beyond the sun, past all ethereal bounds,
Beyond the borders of the starry spheres,

My agile spirit, how you take your flight!
Like a strong swimmer swooning on the sea
You gaily plow the vast immensity
With manly, inexpressible delight.

Fly far above this morbid, vaporous place;
Go cleanse yourself in the superior air,
And drink up, like a pure divine liqueur,
Bright fire, out of clear and limpid space.

Beyond ennui, past troubles and ordeals
Which load our dim existence with their weight,
Happy the strong-winged man, who makes the great
Leap upward to the bright and peaceful fields!

The man whose thoughts, like larks, take to their wings
Each morning, freely speeding through the air,
—Who soars above this life, interpreter
Of flowers' speech, the voice of silent things!

La Nature est un temple où de vivants piliers
Laissent parfois sortir de confuses paroles;
L'homme y passe à travers des forêts de symboles
Qui l'observent avec des regards familiers.

Comme de longs échos qui de loin se confondent
Dans une ténébreuse et profonde unité,
Vaste comme la nuit et comme la clarté,
Les parfums, les couleurs et les sons se répondent.

Il est des parfums frais comme des chairs d'enfants,
Doux comme les hautbois, verts comme les prairies,
— Et d'autres, corrompus, riches et triomphants,

Ayant l'expansion des choses infinies,
Comme l'ambre, le musc, le benjoin et l'encens,
Qui chantent les transports de l'esprit et des sens.

Nature is a temple, where the living
Columns sometimes breathe a mingled speech;
Man walks within this wood of symbols, each
Marking him as a familiar thing.

Haunting, the echoes rise from far away—
Perfumes and colors, answerable sounds,
Boundless as night and clearly breaking day,
Joining to form a deep, mysterious whole.

Odors there are, sweet as a baby's skin,
Mellow as oboes, fresh as meadow grass
—Others corrupted, regal, lush, profound

Having dimensions infinitely vast,
Frankincense, musk, ambergris, benjamin,
Rapturous hymns for senses and the soul.

Ma pauvre muse, hélas! qu'as-tu donc ce matin?
Tes yeux creux sont peuplés de visions nocturnes,
Et je vois tour à tour réfléchies sur ton teint
La folie et l'horreur, froides et taciturnes.

Le succube verdâtre et le rose lutin
T'ont-ils versé la peur et l'amour de leurs urnes?
Le cauchemar, d'un poing despotique et mutin,
T'a-t-il noyée au fond d'un fabuleux Minturnes?

Je voudrais qu'exhalant l'odeur de la santé
Ton sein de pensers forts fût toujours fréquenté,
Et que ton sang chrétien coulât à flots rhythmiques

Comme les sons nombreux des syllabes antiques,
Où règnent tour à tour le père des chansons,
Phœbus, et le grand Pan, le seigneur des moissons.

My wretched muse, what does the morning bring?
Dream visions haunt your eyes, and I discern,
Reflected in the shadings of your skin,
Madness and horror, cold and taciturn.

Have they—green succubus and rosy imp—
Poured on you fear and love out of their urns?
Has nightmare with his proud unruly grip
Sunk you within some fabulous Minturnes?

I'd wish your breast to breathe the scent of health,
Your mind to think great thoughts the whole day long,
Your Christian blood to flow in waves that scan

With varied sounds of ancient syllables,
Where reign in turn the father of all song,
Apollo, and the harvest-lord, great Pan.

O muse de mon cœur, amante des palais,
Auras-tu, quand Janvier lâchera ses Borées,
Durant les noirs ennuis des neigeuses soirées,
Un tison pour chauffer tes deux pieds violets?

Ranimeras-tu donc tes épaules marbrées
Aux nocturnes rayons qui percent les volets?
Sentant ta bourse à sec autant que ton palais,
Récolteras-tu l'or des voûtes azurées?

Il te faut, pour gagner ton pain de chaque soir,
Comme un enfant de chœur, jouer de l'encensoir,
Chanter des *Te Deum* auxquels tu ne crois guère,

Ou, saltimbanque à jeun, étaler tes appas
Et ton rire trempé de pleurs qu'on ne voit pas,
Pour faire épanouir la rate du vulgaire.

Oh muse of mine, in love with palaces,
Will you, when January flings his winds,
In the black tedium of snowy nights,
Find fire-brands to warm your purple feet?

Your marble shoulders, will they flush to life
As moonbeams slip inside our window glass?
Knowing your purse and palate both are dry,
Will you glean gold out of the azure vaults?

You must, to earn your meager evening bread,
Like a bored altar boy swing censers, chant
Te Deums to the never present Gods,

Or, starving clown, put up your charms for sale,
Your laughter steeped in tears for no one's eyes,
To jollify the crowd and still their spite.

Ma jeunesse ne fut qu'un ténébreux orage,
Traversé çà et là par de brillants soleils;
Le tonnerre et la pluie ont fait un tel ravage,
Qu'il reste en mon jardin bien peu de fruits vermeils.

Voilà que j'ai touché l'automne des idées,
Et qu'il faut employer la pelle et les râteaux
Pour rassembler à neuf les terres inondées,
Où l'eau creuse des trous grands comme des tombeaux.

Et qui sait si les fleurs nouvelles que je rêve
Trouveront dans ce sol lavé comme une grève
Le mystique aliment qui ferait leur vigueur?

— O douleur! ô douleur! Le Temps mange la vie,
Et l'obscur Ennemi qui nous ronge le cœur
Du sang que nous perdons croît et se fortifie!

When I was young I lived a constant storm,
Though now and then the brilliant suns shot through,
So in my garden few red fruits were born,
The rain and thunder had so much to do.

Now are the autumn days of thought at hand,
And I must use the rake and spade to groom,
Rebuild, and cultivate the washed-out land
The water had eroded deep as tombs.

And who knows if the flowers in my mind
In this poor sand, swept like a beach, will find
The food of soul to gain a healthy start?

I cry! I cry! Life feeds the seasons' maw
And that dark Enemy who gnaws our hearts
Battens on blood that drips into his jaws!

J'ai longtemps habité sous de vastes portiques
Que les soleils marins teignaient de mille feux,
Et que leurs grands piliers, droits et majestueux,
Rendaient pareils, le soir, aux grottes basaltiques.

Les houles, en roulant les images des cieux,
Mêlaient d'une façon solennelle et mystique
Les tout-puissants accords de leur riche musique
Aux couleurs du couchant reflété par mes yeux.

C'est là que j'ai vécu dans les voluptés calmes,
Au milieu de l'azur, des vagues, des splendeurs
Et des esclaves nus, tout imprégnés d'odeurs,

Qui me rafraîchissaient le front avec des palmes,
Et dont l'unique soin était d'approfondir
Le secret douloureux qui me faisait languir.

I used to live where porches made great vaults
Among tall shafts, lit by the thousand fires
Of seaside sunset, when the halls and spires
Were transformed into grottoes of basalt.

In surges rolled the images of skies;
With solemn, mystic force the sea combined
Its harmonies, all-powerful, sublime,
With shifting colors, glowing in my eyes.

So there I lived, in a voluptuous calm
Surrounded by the sea, by splendid blue,
And by my slaves, sweet-scented, handsome, nude,

Who cooled my brow with waving of the palms,
And who had one sole care—to come to know
The secret grief that made me languish so.

Homme libre, toujours tu chériras la mer!
La mer est ton miroir; tu contemples ton âme
Dans le déroulement infini de sa lame,
Et ton esprit n'est pas un gouffre moins amer.

Tu te plais à plonger au sein de ton image;
Tu l'embrasses des yeux et des bras, et ton cœur
Se distrait quelquefois de sa propre rumeur
Au bruit de cette plainte indomptable et sauvage.

Vous êtes tous les deux ténébreux et discrets:
Homme, nul n'a sondé le fond de tes abîmes,
O mer, nul ne connaît tes richesses intimes,
Tant vous êtes jaloux de garder vos secrets!

Et cependant voilà des siècles innombrables
Que vous vous combattez sans pitié ni remord,
Tellement vous aimez le carnage et la mort,
O lutteurs éternels, ô frères implacables!

Free man, you'll love the ocean endlessly!
It is your mirror, you observe your soul
In how its billows endlessly unroll—
Your spirit's bitter depths are there to see.

You'd like to plunge to your reflection's core,
With eyes and arms to seize it all along;
Your heart forgets to beat its proper song
Distracted by the ocean's savage roar.

The two of you are subtle, shadowy:
Man, none has sounded your profound recess;
Oh sea, none knows the richness of your depths
Since you protect your secrets jealously!

And meanwhile, since you both love death and strife,
You've fought each other through the endless years
With no remorse, without a pitying tear—
Relentless brothers, enemies for life!

Quand Don Juan descendit vers l'onde souterraine
Et lorsqu'il eut donné son obole à Charon,
Un sombre mendiant, l'œil fier comme Antisthène,
D'un bras vengeur et fort saisit chaque aviron.

Montrant leurs seins pendants et leurs robes ouvertes,
Des femmes se tordaient sous le noir firmament,
Et, comme un grand troupeau de victimes offertes,
Derrière lui traînaient un long mugissement.

Sganarelle en riant lui réclamait ses gages,
Tandis que Don Luis avec un doigt tremblant
Montrait à tous les morts errant sur les rivages
Le fils audacieux qui railla son front blanc.

Frissonnant sous son deuil, la chaste et maigre Elvire,
Près de l'époux perfide et qui fut son amant,
Semblait lui réclamer un suprême sourire
Où brillât la douceur de son premier serment.

Tout droit dans son armure, un grand homme de pierre
Se tenait à la barre et coupait le flot noir;
Mais le calme héros, courbé sur sa rapière,
Regardait le sillage et ne daignait rien voir.

When Don Juan dropped down to the Hellish waves,
When he had given coin for Charon's chores,
A beggar with Antisthenes' proud gaze
Took an avenger's grip around the oars.

Showing their hanging breasts through open gowns,
Sad women writhed beneath that blackened sky;
Like victims chosen for the killing ground
They trailed behind him, lowing mournfully.

Sganarelle badgered him to get his pay,
While Don Luis, with trembling gesture there,
Showed all the dead who lined the waterway
That shameless son, who'd mocked his old grey hair.

Quivering with grief, Elvira, chaste and thin,
Near to her lover and unfaithful spouse,
Seemed to be begging one last smile of him,
In which would shine the grace of their first vows.

A great stone man, stiff in his uniform,
Was the stern helmsman on that gloomy run,
But our calm hero, bent upon his sword,
Stared at the wake, and gave his glance to none.

Je suis belle, ô mortels! comme un rêve de pierre,
Et mon sein, où chacun s'est meurtri tour à tour,
Est fait pour inspirer au poëte un amour
Eternel et muet ainsi que la matière.

Je trône dans l'azur comme un sphinx incompris;
J'unis un cœur de neige à la blancheur des cygnes;
Je hais le mouvement qui déplace les lignes,
Et jamais je ne pleure et jamais je ne ris.

Les poëtes, devant mes grandes attitudes,
Que j'ai l'air d'emprunter aux plus fiers monuments,
Consumeront leurs jours en d'austères études;

Car j'ai, pour fasciner ces dociles amants,
De purs miroirs qui font toutes choses plus belles:
Mes yeux, mes larges yeux aux clartés éternelles!

Oh men, I am lovely, a stone-fashioned dream,
And my breast, where you bruise yourselves all in your turn,
Is made so that love will be born in the poet—
Eternal, and silent as matter is timeless.

I reign in the air like a puzzling sphinx;
My heart shares in snow, and is pure as the swans.
I hate only impulse, the breaking of line,
And I never will cry, nor will ever show smile.

The poets, in view of my lofty design—
The style, as it seems, of the finest of statues—
Will squander their lifetimes in tiresome studies

Since I have a charm for these suppliant suitors:
Pure mirrors, which transform to beauty all things—
My eyes, my wide eyes, clear as air, clear as time.

Du temps que la Nature en sa verve puissante
Concevait chaque jour des enfants monstrueux,
J'eusse aimé vivre auprès d'une jeune géante,
Comme aux pieds d'une reine un chat voluptueux.

J'eusse aimé voir son corps fleurir avec son âme
Et grandir librement dans ses terribles jeux;
Deviner si son cœur couve une sombre flamme
Aux humides brouillards qui nagent dans ses yeux;

Parcourir à loisir ses magnifiques formes;
Ramper sur le versant de ses genoux énormes,
Et parfois en été, quand les soleils malsains,

Lasse, la font s'étendre à travers la campagne,
Dormir nonchalamment à l'ombre de ses seins,
Comme un hameau paisible au pied d'une montagne.

In times when madcap Nature in her verve
Conceived each day a hatch of monstrous spawn,
I might have lived near some young giantess,
Like a voluptuous cat before a queen—

To watch her body flower with her soul,
And grow up freely in her dreadful play;
To guess about a passion's somber flame
Born in the mists which swim within her eyes.

At leisure to explore her mighty forms;
To climb the slopes of her enormous knees,
And sometimes, when the summer's tainted suns

Had lain her out across the countryside,
To nonchalantly drowse below her breast,
Like a calm village in the mountain's shade.

Viens-tu du ciel profond ou sors-tu de l'abîme,
O Beauté?   ton regard, infernal et divin,
Verse confusément le bienfait et le crime,
Et l'on peut pour cela te comparer au vin.

Tu contiens dans ton œil le couchant et l'aurore;
Tu répands des parfums comme un soir orageux;
Tes baisers sont un philtre et ta bouche une amphore
Qui font le héros lâche et l'enfant courageux.

Sors-tu du gouffre noir ou descends-tu des astres?
Le Destin charmé suit tes jupons comme un chien;
Tu sèmes au hasard la joie et les désastres,
Et tu gouvernes tout et ne réponds de rien.

Tu marches sur des morts, Beauté, dont tu te moques;
De tes bijoux l'Horreur n'est pas le moins charmant,
Et le Meurtre, parmi tes plus chères breloques,
Sur ton ventre orgueilleux danse amoureusement.

L'éphémère ébloui vole vers toi, chandelle,
Crépite, flambe et dit: Bénissons ce flambeau!
L'amoureux pantelant incliné sur sa belle
A l'air d'un moribond caressant son tombeau.

Que tu viennes du ciel ou de l'enfer, qu'importe,
O Beauté! monstre énorme, effrayant, ingénu!
Si ton œil, ton souris, ton pied, m'ouvrent la porte
D'un Infini que j'aime et n'ai jamais connu?

De Satan ou de Dieu, qu'importe?   Ange ou Sirène,
Qu'importe, si tu rends, — fée aux yeux de velours,
Rhythme, parfum, lueur, ô mon unique reine! —
L'univers moins hideux et les instants moins lourds?

Oh Beauty! do you visit from the sky
Or the abyss? infernal and divine,
Your gaze bestows both kindnesses and crimes,
So it is said you act on men like wine.

In your eyes there is night and there is dawn;
You pour out odors like an evening storm;
Your kiss is potion from an ancient jar,
Which can make heroes cold and young men warm.

Are you of heaven or the nether world?
Charmed Destiny, your pet, attends your walk;
You scatter joys and sorrows at your whim,
And govern all, and answer no man's call.

Beauty, you walk on corpses, mocking them;
Horror is charming as your other gems,
And Murder is a trinket dancing there
Lovingly on your naked belly's skin.

You are a candle where the mayfly dies
In flames, blessing this fire's deadly bloom.
The lover panting at his mistress' side
Looks like a dying man who clasps his tomb.

What difference, then, from heaven or from hell,
Oh Beauty, monstrous in simplicity?
If eye, smile, step can open me the way
To find unknown, sublime infinity?

Angel or siren, spirit, I don't care,
As long as velvet eyes and perfumed head
And glimmering motions, oh my queen, can make
The world less dreadful, and the time less dead.

O toison, moutonnant jusque sur l'encolure!
O boucles! O parfum chargé de nonchaloir!
Extase! Pour peupler ce soir l'alcôve obscure
Des souvenirs dormant dans cette chevelure,
Je la veux agiter dans l'air comme un mouchoir!

La langoureuse Asie et la brûlante Afrique,
Tout un monde lointain, absent, presque défunt,
Vit dans tes profondeurs, forêt aromatique!
Comme d'autres esprits voguent sur la musique,
Le mien, ô mon amour! nage sur ton parfum.

J'irai là-bas où l'arbre et l'homme, pleins de séve,
Se pâment longuement sous l'ardeur des climats;
Fortes tresses, soyez la houle qui m'enlève!
Tu contiens, mer d'ébène, un éblouissant rêve
De voiles, de rameurs, de flammes et de mâts:

Un port retentissant où mon âme peut boire
A grands flots le parfum, le son et la couleur;
Où les vaisseaux, glissant dans l'or et dans la moire,
Ouvrent leurs vastes bras pour embrasser la gloire
D'un ciel pur où frémit l'éternelle chaleur.

Je plongerai ma tête amoureuse d'ivresse
Dans ce noir océan où l'autre est enfermé;
Et mon esprit subtil que le roulis caresse
Saura vous retrouver, ô féconde paresse!
Infinis bercements du loisir embaumé!

Cheveux bleus, pavillon de ténèbres tendues,
Vous me rendez l'azur du ciel immense et rond;
Sur les bords duvetés de vos mèches tordues
Je m'enivre ardemment des senteurs confondues
De l'huile de coco, du musc et du goudron.

Longtemps! toujours! ma main dans ta crinière lourde
Sèmera le rubis, la perle et le saphir,
Afin qu'à mon désir tu ne sois jamais sourde!
N'es-tu pas l'oasis où je rêve, et la gourde
Où je hume à longs traits le vin du souvenir?

Oh fleece, billowing even down the neck!
Oh locks! Oh perfume charged with nonchalance!
What ecstasy! To people our dark room
With memories that sleep within this mane,
I'll shake it like a kerchief in the air!

Languorous Asia, scorching Africa,
A whole world distant, vacant, nearly dead,
Lives in your depths, oh forest of perfume!
While other spirits sail on symphonies
Mine, my beloved! swims along your scent.

I will adjourn there, where the tree and man,
Both full of sap, swoon in the ardent heat;
Strong swelling tresses, carry me away!
Yours, sea of ebony, a dazzling dream
Of sail, of oarsmen, waving pennants, masts:

A sounding harbor where my soul can drink
From great floods subtle tones, perfumes, and hues;
Where vessels gliding in moiré and gold
Open their wide arms to the glorious sky
Where purely trembles the eternal warmth.

I'll plunge my drunken head, dizzy with love
In this black sea where that one is confined;
My subtle soul that rolls in its caress
Will bring you back, oh fertile indolence!
Infinite lulling, leisure steeped in balm!

Blue head of hair, tent of spread shadows, you
Give me the azure of the open sky;
In downy wisps along your twisted locks
I'll gladly drug myself on mingled scents,
Essence of cocoa-oil, pitch, and musk.

For ages! always! in your heavy mane
My hand will scatter ruby, sapphire, pearl,
So you will never chill to my desire!
Are you not the oasis where I dream,
My drinking-gourd for memory's fine wine?

Tu mettrais l'univers entier dans ta ruelle,
Femme impure! L'ennui rend ton âme cruelle.
Pour exercer tes dents à ce jeu singulier,
Il te faut chaque jour un cœur au râtelier.
Tes yeux, illuminés ainsi que des boutiques
Et des ifs flamboyants dans les fêtes publiques,
Usent insolemment d'un pouvoir emprunté,
Sans connaître jamais la loi de leur beauté.

Machine aveugle et sourde, en cruautés féconde!
Salutaire instrument, buveur du sang du monde,
Comment n'as-tu pas honte et comment n'as-tu pas
Devant tous les miroirs vu pâlir tes appas?
La grandeur de ce mal où tu te crois savante
Ne t'a donc jamais fait reculer d'épouvante,
Quand la nature, grande en ses desseins cachés,
De toi se sert, ô femme, ô reine des péchés,
— De toi, vil animal, — pour pétrir un génie?

O fangeuse grandeur! sublime ignominie!

You'd entertain the universe in bed,
Foul woman; ennui makes you mean of soul.
To exercise your jaws at this strange sport
Each day you work a heart between your teeth.
Your eyes, illuminated like boutiques
Or blazing stanchions at a public fair,
Use haughtily a power not their own,
With no awareness of their beauty's law.

Blind, deaf machine, fertile in cruelties!
Wholesome device, that drinks the whole world's blood,
Why are you not ashamed, how have you not
In mirrors seen your many charms turn pale?
The magnitude of all your evil schemes,
Has this, then, never shrunk your heart with fear,
When Nature, mighty in her secret plans,
Makes use of you, oh woman! queen of sins!
—Of you, vile beast—to mold a genius?

Oh filthy grandeur! oh sublime disgrace!

Rappelez-vous l'objet que nous vîmes, mon âme,
    Ce beau matin d'été si doux:
Au détour d'un sentier une charogne infâme
    Sur un lit semé de cailloux,

Les jambes en l'air, comme une femme lubrique,
    Brûlante et suant les poisons,
Ouvrait d'une façon nonchalante et cynique
    Son ventre plein d'exhalaisons.

Le soleil rayonnait sur cette pourriture,
    Comme afin de la cuire à point,
Et de rendre au centuple à la grande Nature
    Tout ce qu'ensemble elle avait joint;

Et le ciel regardait la carcasse superbe
    Comme une fleur s'épanouir.
La puanteur était si forte, que sur l'herbe
    Vous crûtes vous évanouir.

Les mouches bourdonnaient sur ce ventre putride,
    D'où sortaient de noirs bataillons
De larves, qui coulaient comme un épais liquide
    Le long de ces vivants haillons.

Tout cela descendait, montait comme une vague,
    Ou s'élançait en pétillant;
On eût dit que le corps, enflé d'un souffle vague,
    Vivait en se multipliant.

Et ce monde rendait une étrange musique,
    Comme l'eau courante et le vent,
Ou le grain qu'un vanneur d'un mouvement rhythmique
    Agite et tourne dans son van.

Les formes s'effaçaient et n'étaient plus qu'un rêve,
    Une ébauche lente à venir,
Sur la toile oubliée, et que l'artiste achève
    Seulement par le souvenir.

Derrière les rochers une chienne inquiète
    Nous regardait d'un œil fâché,
Épiant le moment de reprendre au squelette
    Le morceau qu'elle avait lâché.

Remember, my love, the item you saw
    That beautiful morning in June:
By a bend in the path a carcass reclined
    On a bed sown with pebbles and stones;

Her legs were spread out like a lecherous whore,
    Sweating out poisonous fumes,
Who opened in slick invitational style
    Her stinking and festering womb.

The sun on this rottenness focussed its rays
    To cook the cadaver till done,
And render to Nature a hundredfold gift
    Of all she'd united in one.

And the sky cast an eye on this marvellous meat
    As over the flowers in bloom.
The stench was so wretched that there on the grass
    You nearly collapsed in a swoon.

The flies buzzed and droned on these bowels of filth
    Where an army of maggots arose,
Which flowed like a liquid and thickening stream
    On the animate rags of her clothes.

And it rose and it fell, and pulsed like a wave,
    Rushing and bubbling with health.
One could say that this carcass, blown with vague breath,
    Lived in increasing itself.

And this whole teeming world made a musical sound
    Like babbling brooks and the breeze,
Or the grain that a man with a winnowing-fan
    Turns with a rhythmical ease.

The shapes wore away as if only a dream
    Like a sketch that is left on the page
Which the artist forgot and can only complete
    On the canvas, with memory's aid.

From back in the rocks, a pitiful bitch
    Eyed us with angry distaste,
Awaiting the moment to snatch from the bones
    The morsel she'd dropped in her haste.

—Et pourtant vous serez semblable à cette ordure,
　　A cette horrible infection,
Étoile de mes yeux, soleil de ma nature,
　　Vous, mon ange et ma passion!

Oui! telle vous serez, ô la reine des grâces,
　　Après les derniers sacrements,
Quand vous irez, sous l'herbe et les floraisons grasses,
　　Moisir parmi les ossements.

Alors, ô ma beauté! dites à la vermine
　　Qui vous mangera de baisers,
Que j'ai gardé la forme et l'essence divine
　　De mes amours décomposés!

—And you, in your turn, will be rotten as this:
    Horrible, filthy, undone,
Oh sun of my nature and star of my eyes,
    My passion, my angel in one!

Yes, such will you be, oh regent of grace,
    After the rites have been read,
Under the weeds, under blossoming grass
    As you molder with bones of the dead.

Ah then, oh my beauty, explain to the worms
    Who cherish your body so fine,
That I am the keeper for corpses of love
    Of the form, and the essence divine!

J'implore ta pitié, Toi, l'unique que j'aime,
Du fond du gouffre obscur où mon cœur est tombé.
C'est un univers morne à l'horizon plombé,
Où nagent dans la nuit l'horreur et le blasphème;

Un soleil sans chaleur plane au-dessus six mois,
Et les six autres mois la nuit couvre la terre;
C'est un pays plus nu que la terre polaire;
— Ni bêtes, ni ruisseaux, ni verdure, ni bois!

Or il n'est pas d'horreur au monde qui surpasse
La froide cruauté de ce soleil de glace
Et cette immense nuit semblable au vieux Chaos;

Je jalouse le sort des plus vils animaux
Qui peuvent se plonger dans un sommeil stupide,
Tant l'écheveau du temps lentement se dévide!

I beg your pity, you, my only love;
My fallen heart lies in a deep abyss,
A universe of leaden heaviness,
Where cursing terrors swim the night above!

For six months stands a sun with heatless beams,
The other months are spent in total night;
It is a polar land to human sight
—No greenery, no trees, no running streams!

But there is not a horror to surpass
The cruelty of that blank sun's cold glass,
And that long night, that Chaos come again!

I'm jealous of the meanest of the beasts
Who plunge themselves into a stupid sleep—
So slowly does the time unwind its skein!

Viens sur mon cœur, âme cruelle et sourde,
Tigre adoré, monstre aux airs indolents;
Je veux longtemps plonger mes doigts tremblants
Dans l'épaisseur de ta crinière lourde;

Dans tes jupons remplis de ton parfum
Ensevelir ma tête endolorie,
Et respirer, comme une fleur flétrie,
Le doux relent de mon amour défunt.

Je veux dormir! dormir plutôt que vivre!
Dans un sommeil aussi doux que la mort,
J'étalerai mes baisers sans remord
Sur ton beau corps poli comme le cuivre.

Pour engloutir mes sanglots apaisés
Rien ne me vaut l'abîme de ta couche;
L'oubli puissant habite sur ta bouche,
Et le Léthé coule dans tes baisers.

A mon destin, désormais mon délice,
J'obéirai comme un prédestiné;
Martyr docile, innocent condamné,
Dont la ferveur attise le supplice,

Je sucerai, pour noyer ma rancœur,
Le népenthès et la bonne ciguë
Aux bouts charmants de cette gorge aiguë,
Qui n'a jamais emprisonné de cœur.

Come to my heart, you tiger I adore.
You sullen monster, cruel and speechless spirit;
Into the thickness of your heavy mane
I want to plunge my trembling fingers' grip.

I want to hide the throbbing of my head
In your perfume, under those petticoats,
And breathe the musky scent of our old love,
The fading fragrance of the dying rose.

I want to sleep! to sleep and not to live!
And in a sleep as sweet as death, to dream
Of spreading out my kisses without shame
On your smooth body, bright with copper sheen.

If I would swallow down my softened sobs
It must be in your bed's profound abyss—
Forgetfulness is moistening your breath,
Lethe itself runs smoothly in your kiss.

My destiny, from now on my delight,
Is to obey as one who has been sent
To guiltless martyrdom, when all the while
His passion fans the flames of his torment.

My lips will suck the cure for bitterness:
Oblivion, nepenthe has its start
In the bewitching teats of those hard breasts,
Which never have been harbor of a heart.

Lorsque tu dormiras, ma belle ténébreuse,
Au fond d'un monument construit en marbre noir,
Et lorsque tu n'auras pour alcôve et manoir
Qu'un caveau pluvieux et qu'une fosse creuse;

Quand la pierre, opprimant ta poitrine peureuse
Et tes flancs qu'assouplit un charmant nonchaloir,
Empêchera ton cœur de battre et de vouloir,
Et tes pieds de courir leur course aventureuse,

Le tombeau, confident de mon rêve infini
(Car le tombeau toujours comprendra le poëte),
Durant ces grandes nuits d'où le somme est banni,

Te dira: « Que vous sert, courtisane imparfaite,
De n'avoir pas connu ce que pleurent les morts? »
— Et le ver rongera ta peau comme un remords.

When, sullen beauty, you will sleep and have
As resting place a fine black marble tomb,
When for a boudoir in your manor-home
You have a hollow pit, a sodden cave,

When stone, now heavy on your fearful breast
And loins once supple in their tempered fire,
Will stop your heart from beating, and desire,
And keep your straying feet from wantonness,

The Tomb, who knows what yearning is about
(The Tomb grasps what the poet has to say)
Will question you these nights you cannot rest,

"Vain courtesan, how could you live that way
And not have known what all the dead cry out?"
—And like remorse the worm will gnaw your flesh.

Deux guerriers ont couru l'un sur l'autre; leurs armes
Ont éclaboussé l'air de lueurs et de sang.
Ces jeux, ces cliquetis du fer sont les vacarmes
D'une jeunesse en proie à l'amour vagissant.

Les glaives sont brisés! comme notre jeunesse,
Ma chère! Mais les dents, les ongles acérés,
Vengent bientôt l'épée et la dague traîtresse.
— O fureur des cœurs mûrs par l'amour ulcérés!

Dans le ravin hanté des chats-pards et des onces
Nos héros, s'étreignant méchamment, ont roulé,
Et leur peau fleurira l'aridité des ronces.

— Ce gouffre, c'est l'enfer, de nos amis peuplé!
Roulons-y sans remords, amazone inhumaine,
Afin d'éterniser l'ardeur de notre haine!

Two warriors have grappled, and their arms
Have flecked the air with blood and flashing steel.
These frolics, this mad clanking, these alarms
Proceed from childish love's frantic appeal.

The swords are broken! like our youthful life
My dear! But tooth and nail, avid and sharp,
Soon fill the place of rapier and knife.
—Oh bitter heat of love, oh riddled hearts!

In a ravine haunted by catlike forms
These two have tumbled, struggling to the end;
Shreds of their skin will bloom on arid thorns.

—This pit is Hell, its denizens our friends!
Amazon, let us roll there guiltlessly
In spiteful fervor, for eternity!

Mère des souvenirs, maîtresse des maîtresses,
O toi, tous mes plaisirs! ô toi, tous mes devoirs!
Tu te rappelleras la beauté des caresses,
La douceur du foyer et le charme des soirs,
Mère des souvenirs, maîtresse des maîtresses!

Les soirs illuminés par l'ardeur du charbon,
Et les soirs au balcon, voilés de vapeurs roses.
Que ton sein m'était doux! que ton cœur m'était bon!
Nous avons dit souvent d'impérissables choses
Les soirs illuminés par l'ardeur du charbon.

Que les soleils sont beaux dans les chaudes soirées!
Que l'espace est profond! que le cœur est puissant!
En me penchant vers toi, reine des adorées,
Je croyais respirer le parfum de ton sang.
Que les soleils sont beaux dans les chaudes soirées!

La nuit s'épaississait ainsi qu'une cloison,
Et mes yeux dans le noir devinaient tes prunelles,
Et je buvais ton souffle, ô douceur! ô poison!
Et tes pieds s'endormaient dans mes mains fraternelles.
La nuit s'épaississait ainsi qu'une cloison.

Je sais l'art d'évoquer les minutes heureuses,
Et revis mon passé blotti dans tes genoux.
Car à quoi bon chercher tes beautés langoureuses
Ailleurs qu'en ton cher corps et qu'en ton cœur si doux?
Je sais l'art d'évoquer les minutes heureuses!

Ces serments, ces parfums, ces baisers infinis,
Renaîtront-ils d'un gouffre interdit à nos sondes,
Comme montent au ciel les soleils rajeunis
Après s'être lavés au fond des mers profondes?
— O serments! ô parfums! ô baisers infinis!

Mother of memories, mistress of mistresses,
Oh thou of all my pleasures, all my debts of love!
Call to your mind the gentle touch of our caress,
The sweetness of the hearth, the charming sky above,
Mother of memories, mistress of mistresses!

Evenings illumined by the ardor of the coal,
And on the balcony, the pink that vapors bring;
How sweet your bosom to me, and how kind your soul!
We often spoke of brave, imperishable things,
Evenings illumined by the ardor of the coal.

How beautiful the suns! How warm their evening beams!
How endless is the space! The heart, how strong and good!
In bending toward you, oh beloved, oh my queen,
I thought that I could breathe the perfume of your blood.
How beautiful the suns! How warm their evening beams!

Then we would be enclosed within the thickening night,
And in the dark my eyes divined your eyes so deep,
And I would drink your breath, oh poison, oh delight!
In my fraternal hands, your feet would go to sleep,
When we would be enclosed within the thickening night.

I have the art of calling forth the happy times,
Seeing again my past there curled within your knees.
Where should I look for beauty, languorous and sublime,
If not in your dear heart, and body at its ease?
I have the art of calling forth the happy times!

These vows, these sweet perfumes, these kisses infinite,
Will they be reborn from a gulf we cannot sound,
As suns rejuvenated take celestial flight
Having been bathed in oceans, mighty and profound?
— Oh vows! Oh sweet perfumes! Oh kisses infinite!

I
Les Ténèbres

Dans les caveaux d'insondable tristesse
Où le Destin m'a déjà relégué;
Où jamais n'entre un rayon rose et gai;
Où, seul avec la Nuit, maussade hôtesse,

Je suis comme un peintre qu'un Dieu moqueur
Condamne à peindre, hélas! sur les ténèbres;
Où, cuisinier aux appétits funèbres,
Je fais bouillir et je mange mon cœur,

Par instants brille, et s'allonge, et s'étale
Un spectre fait de grâce et de splendeur.
A sa rêveuse allure orientale,

Quand il atteint sa totale grandeur,
Je reconnais ma belle visiteuse :
C'est Elle! noire et pourtant lumineuse.

II
Le Parfum

Lecteur, as-tu quelquefois respiré
Avec ivresse et lente gourmandise
Ce grain d'encens qui remplit une église,
Ou d'un sachet le musc invétéré?

Charme profond, magique, dont nous grise
Dans le présent le passé restauré!
Ainsi l'amant sur un corps adoré
Du souvenir cueille la fleur exquise.

De ses cheveux élastiques et lourds,
Vivant sachet, encensoir de l'alcôve,
Une senteur montait, sauvage et fauve,

Et des habits, mousseline ou velours,
Tout imprégnés de sa jeunesse pure,
Se dégageait un parfum de fourrure.

I
The Blackness

In caves of fathomless obscurity
Where Destiny has sentenced me for life;
Where cheerful rosy beams may never shine;
Where, living with that sullen hostess, Night,

I am an artist that a mocking God
Condemns, alas! to paint the gloom itself;
Where like a cook with ghoulish appetite
I boil and devour my own heart,

Sometimes there sprawls, and stretches out, and glows
A splendid ghost, of a surpassing charm.
And when this vision growing in my sight

In oriental languor, like a dream,
Is fully formed, I know the phantom's name:
Yes, it is She! though black, yet full of light.

II
The Perfume

During your lifetime, reader, have you breathed,
Slow-savoring to the point of dizziness,
That grain of incense which fills up a church,
Or the pervasive musk of a sachet?

Magical charm, in which the past restored
Intoxicates us with its presence here!
So from above the body of his love
The lover plucks remembrance's bright bloom.

Out of the phantom's dense, resilient locks,
Living sachet, censer of the alcove,
Would rise an alien and tawny scent,

And all her clothes, if muslin or of plush,
Redolent as they were with her pure youth,
Released the soft perfume of thickest fur.

III
Le Cadre

Comme un beau cadre ajoute à la peinture,
Bien qu'elle soit d'un pinceau très-vanté,
Je ne sais quoi d'étrange et d'enchanté
En l'isolant de l'immense nature,

Ainsi bijoux, meubles, métaux, dorure,
S'adaptaient juste à sa rare beauté;
Rien n'offusquait sa parfaite clarté,
Et tout semblait lui servir de bordure.

Même on eût dit parfois qu'elle croyait
Que tout voulait l'aimer; elle noyait
Sa nudité voluptueusement

Dans les baisers du satin et du linge,
Et, lente ou brusque, à chaque mouvement
Montrait la grâce enfantine du singe.

IV
Le Portrait

La Maladie et la Mort font des cendres
De tout le feu qui pour nous flamboya.
De ces grands yeux si fervents et si tendres,
De cette bouche où mon cœur se noya,

De ces baisers puissants comme un dictame,
De ces transports plus vifs que des rayons,
Que reste-t-il?   C'est affreux, ô mon âme!
Rien qu'un dessin fort pâle, aux trois crayons,

Qui, comme moi, meurt dans la solitude,
Et que le Temps, injurieux vieillard,
Chaque jour frotte avec son aile rude . . .

Noir assassin de la Vie et de l'Art,
Tu ne tueras jamais dans ma mémoire
Celle qui fut mon plaisir et ma gloire!

III
The Frame

Just as a frame adds to the painter's art,
Although the brush itself be highly praised,
A something that is captivating, strange,
Setting it off from all in nature else,

So jewels and metals, gildings, furnishings
Exactly fit her rich and rare appeal;
Nothing offends her perfect clarity,
And all would seem a frame for her display.

And one could say at times that she believed
Everything loved her, in that she would bathe
Freely, voluptuously, her nudity

In kisses of the linen and the silk,
And with each charming movement, slow or quick,
Display a cunning monkey's childlike grace.

IV
The Portrait

Disease and Death make only dust and ash
Of all the fire that blazed so bright for us.
Of those great eyes so tender and so warm,
Of this mouth where my heart has drowned itself,

Of kisses puissant as a healing balm,
Of transports more intense than flaring light,
What now remains? Appalling, oh my soul!
Only a fading sketch in three pale tones,

Like me, dying away in solitude,
And which Time, that maleficent old man,
Each day rubs over with his churlish wing . . .

Time, you black murderer of Life and Art,
You'll never kill her in my memory—
Not She, who was my pleasure and my pride!

Je te donne ces vers afin que si mon nom
Aborde heureusement aux époques lointaines,
Et fait rêver un soir les cervelles humaines,
Vaisseau favorisé par un grand aquilon,

Ta mémoire, pareille aux fables incertaines,
Fatigue le lecteur ainsi qu'un tympanon,
Et par un fraternel et mystique chaînon
Reste comme pendue à mes rimes hautaines;

Être maudit à qui, de l'abîme profond
Jusqu'au plus haut du ciel, rien, hors moi, ne répond!
— O toi qui, comme une ombre à la trace éphémère,

Foules d'un pied léger et d'un regard serein
Les stupides mortels qui t'ont jugée amère,
Statue aux yeux de jais, grand ange au front d'airain!

I give to you these verses, that if in
Some future time my name lands happily
To bring brief pleasure to humanity,
The craft supported by a great northwind,

Your memory, like half-familiar lines,
Will drug the reader as a harper would,
And by a link of mystic brotherhood
Will live suspended in my lofty rhymes.

From deepest pit into the highest sky
Poor spirit, only I respect you now.
—Oh shadow, barely present to the eye,

You lightly step, with a serene regard
On mortal fools who've judged you mean and hard—
Angel with eyes of jet, great burnished brow!

Il est de forts parfums pour qui toute matière
Est poreuse. On dirait qu'ils pénètrent le verre.
En ouvrant un coffret venu de l'Orient
Dont la serrure grince et rechigne en criant,

Ou dans une maison déserte quelque armoire
Pleine de l'âcre odeur des temps, poudreuse et noire,
Parfois on trouve un vieux flacon qui se souvient,
D'où jaillit toute vive une âme qui revient.

Mille pensers dormaient, chrysalides funèbres,
Frémissant doucement dans les lourdes ténèbres,
Qui dégagent leur aile et prennent leur essor,
Teintés d'azur, glacés de rose, lamés d'or.

Voilà le souvenir enivrant qui voltige
Dans l'air troublé; les yeux se ferment; le Vertige
Saisit l'âme vaincue et la pousse à deux mains
Vers un gouffre obscurci de miasmes humains;

Il la terrasse au bord d'un gouffre séculaire,
Où, Lazare odorant déchirant son suaire,
Se meut dans son réveil le cadavre spectral
D'un vieil amour ranci, charmant et sépulcral.

Ainsi, quand je serai perdu dans la mémoire
Des hommes, dans le coin d'une sinistre armoire
Quand on m'aura jeté, vieux flacon désolé,
Décrépit, poudreux, sale, abject, visqueux, fêlé,

Je serai ton cercueil, aimable pestilence!
Le témoin de ta force et de ta virulence,
Cher poison préparé par les anges! liqueur
Qui me ronge, ô la vie et la mort de mon cœur!

One hears of strong perfumes that cannot be contained,
Which seep through any glass of bottle or of vial.
For instance, taking up an Oriental chest,
Whose stubborn lock will creak and groan in opening,

Or poking through a house, in closets shut for years,
Full of the smell of time—acrid, musty, dank,
One comes, perhaps, upon a flask of memories
In whose escaping scent a soul returns to life.

A thousand thoughts have slept cocooned within this flask,
But sweetly trembling there, packed closely in the dark;
Now they release their wings and take their gaudy flight,
Tinged with an azure blue, rose-glazed, spangled in gold.

Fluttering to the brain through the unsettled air,
Rapturous memory infests the atmosphere;
The eyes are forced to close; Vertigo grasps the soul,
And thrusts her with his hands into the mists of mind.

He forces her to lie next to an ancient tomb,
From which with cloying scent—Lazarus splitting his shroud—
A gaunt cadaver moves to its awakening:
Ghost of a spoiled love, enchanting though impure.

So when I am entombed to memory of men,
When I am closeted in some deserted house,
When I've been sent away, an old forgotten flask,
Decrepit, dusty, cracked, rejected, filthy, rank,

I will be tomb for you, beloved pestilence,
The witness of your force and of its virulence,
Dear poison made by angels, drink that eats my soul,
Oh you who are the life and ruin of my heart!

I

Dans ma cervelle se promène,
Ainsi qu'en son appartement,
Un beau chat, fort, doux et charmant.
Quand il miaule, on l'entend à peine,

Tant son timbre est tendre et discret;
Mais que sa voix s'apaise ou gronde,
Elle est toujours riche et profonde.
C'est là son charme et son secret.

Cette voix, qui perle et qui filtre,
Dans mon fonds le plus ténébreux,
Me remplit comme un vers nombreux
Et me réjouit comme un philtre.

Elle endort les plus cruels maux
Et contient toutes les extases;
Pour dire les plus longues phrases,
Elle n'a pas besoin de mots.

Non, il n'est pas d'archet qui morde
Sur mon cœur, parfait instrument,
Et fasse plus royalement
Chanter sa plus vibrante corde,

Que ta voix, chat mystérieux,
Chat séraphique, chat étrange,
En qui tout est, comme en un ange,
Aussi subtil qu'harmonieux!

II

De sa fourrure blonde et brune
Sort un parfum si doux, qu'un soir
J'en fus embaumé, pour l'avoir
Caressée une fois, rien qu'une.

C'est l'esprit familier du lieu;
Il juge, il préside, il inspire
Toutes choses dans son empire;
Peut-être est-il fée, est-il dieu?

I

A cat is strolling through my mind
Acting as though he owned the place,
A lovely cat--strong, charming, sweet.
When he meows, one scarcely hears,

So tender and discreet his tone;
But whether he should growl or purr
His voice is always rich and deep.
That is the secret of his charm.

This purling voice which filters down
Into my darkest depths of soul
Fulfills me like a balanced verse,
Delights me as a potion would.

It puts to sleep the cruelest ills
And keeps a rein on ecstasies—
Without the need for any words
It can pronounce the longest phrase.

No, it is not a bow that draws
Across my heart, fine instrument,
And makes to sing so royally
The strongest and the purest chord,

It is your voice, mysterious cat,
Exotic cat, seraphic cat,
In whom all is, angelically,
As subtle as harmonious.

II

From his soft fur, golden and brown,
Goes out so sweet a scent, one night
I might have been embalmed in it
By petting him a single time.

He is my household's guardian soul;
He judges, he presides, inspires
All matters in his royal realm;
Might he be a fairy? or a god?

Quand mes yeux, vers ce chat que j'aime
Tirés comme par un aimant,
Se retournent docilement
Et que je regarde en moi-même,

Je vois avec étonnement
Le feu de ses prunelles pâles,
Clairs fanaux, vivantes opales,
Qui me contemplent fixement.

When my eyes, to this cat I love
Drawn as by a magnet's force,
Turn tamely back from that appeal,
And when I look within myself,

I notice with astonishment
The fire of his opal eyes,
Clear beacons glowing, living jewels,
Taking my measure, steadily.

Mon enfant, ma sœur,
Songe à la douceur
D'aller là-bas vivre ensemble!
Aimer à loisir,
Aimer et mourir
Au pays qui te ressemble!
Les soleils mouillés
De ces ciels brouillés
Pour mon esprit ont les charmes
Si mystérieux
De tes traîtres yeux,
Brillant à travers leurs larmes.

Là, tout n'est qu'ordre et beauté,
Luxe, calme et volupté.

Des meubles luisants,
Polis par les ans,
Décoreraient notre chambre;
Les plus rares fleurs
Mêlant leurs odeurs
Aux vagues senteurs de l'ambre,
Les riches plafonds,
Les miroirs profonds,
La splendeur orientale,
Tout y parlerait
A l'âme en secret
Sa douce langue natale.

Là, tout n'est qu'ordre et beauté,
Luxe, calme et volupté.

Vois sur ces canaux
Dormir ces vaisseaux
Dont l'humeur est vagabonde;
C'est pour assouvir
Ton moindre désir
Qu'ils viennent du bout du monde.
— Les soleils couchants
Revêtent les champs,
Les canaux, la ville entière,
D'hyacinthe et d'or;
Le monde s'endort
Dans une chaude lumière.

Là, tout n'est qu'ordre et beauté.
Luxe, calme et volupté.

My sister, my child
Imagine how sweet
To live there as lovers do!
To kiss as we choose,
To love and to die
In that land resembling you!
The misty suns
Of shifting skies
To my spirit are as dear
As the enigma
Of your eyes
That shine behind their tears.

There, all is order and leisure,
Luxury, beauty, and pleasure.

The tables would glow
With the lustre of years
To ornament our room.
The rarest of blooms
Would mingle their scents
With amber's vague perfume.
The ceilings, rich
The mirrors, deep—
The splendor of the East—
All whisper there
To the silent soul
Her sweet familiar speech.

There, all is order and leisure,
Luxury, beauty, and pleasure.

And these canals
Bear ships at rest,
Although in a wandering mood;
To gratify
Your least desire
They have sailed around the world.
The setting suns
Enrobe the fields
The canals, the entire town
With purple and gold.
The world falls asleep
In a warmly glowing gown.

There, all is order and leisure,
Luxury, beauty, and pleasure.

Vous êtes un beau ciel d'automne, clair et rose!
Mais la tristesse en moi monte comme la mer,
Et laisse, en refluant, sur ma lèvre morose
Le souvenir cuisant de son limon amer.

— Ta main se glisse en vain sur mon sein qui se pâme;
Ce qu'elle cherche, amie, est un lieu saccagé
Par la griffe et la dent féroce de la femme.
Ne cherchez plus mon cœur; les bêtes l'ont mangé.

Mon cœur est un palais flétri par la cohue;
On s'y soûle, on s'y tue, on s'y prend aux cheveux!
— Un parfum nage autour de votre gorge nue!...

O Beauté, dur fléau des âmes, tu le veux!
Avec tes yeux de feu, brillants comme des fêtes,
Calcine ces lambeaux qu'ont épargnés les bêtes!

You are a pink and lovely autumn sky;
But sadness in me rises like the sea,
And leaves in ebbing only bitter clay
On my sad lip, the smart of memory.

Your hand slides up my fainting breast at will;
But Love, it only finds a ravaged pit
Pillaged by woman's savage tooth and nail.
My heart is lost; the beasts have eaten it.

It is a palace sullied by the rout;
They drink, they pull each other's hair, they kill!
—A perfume swims around your naked throat! . . .

Oh Beauty, scourge of souls, you want it still!
You with hot eyes that flash in fiery feasts,
Burn up these meager scraps spared by the beasts!

I

Bientôt nous plongerons dans les froides ténèbres;
Adieu, vive clarté de nos étés trop courts!
J'entends déjà tomber avec des chocs funèbres
Le bois retentissant sur le pavé des cours.

Tout l'hiver va rentrer dans mon être: colère,
Haine, frissons, horreur, labeur dur et forcé,
Et, comme le soleil dans son enfer polaire,
Mon cœur ne sera plus qu'un bloc rouge et glacé.

J'écoute en frémissant chaque bûche qui tombe;
L'échafaud qu'on bâtit n'a pas d'écho plus sourd.
Mon esprit est pareil à la tour qui succombe
Sous les coups du bélier infatigable et lourd.

Il me semble, bercé par ce choc monotone,
Qu'on cloue en grande hâte un cercueil quelque part.
Pour qui? — C'était hier l'été; voici l'automne!
Ce bruit mystérieux sonne comme un départ.

II

J'aime de vos longs yeux la lumière verdâtre,
Douce beauté, mais tout aujourd'hui m'est amer,
Et rien, ni votre amour, ni le boudoir, ni l'âtre,
Ne me vaut le soleil rayonnant sur la mer.

Et pourtant aimez-moi, tendre cœur! soyez mère,
Même pour un ingrat, même pour un méchant;
Amante ou sœur, soyez la douceur éphémère
D'un glorieux automne ou d'un soleil couchant.

Courte tâche! La tombe attend; elle est avide!
Ah! laissez-moi, mon front posé sur vos genoux,
Goûter, en regrettant l'été blanc et torride,
De l'arrière-saison le rayon jaune et doux!

I

Now will we plunge into the frigid dark,
The living light of summer gone too soon!
Already I can hear the thump of wood,
A dismal echo from the paving stones.

All winter comes into my being: wrath,
Hate, chills and horror, forced and plodding work,
And like the sun in polar underground
My heart will be a red and frozen block.

I shudder as I hear each log that drops;
A gallows being built makes no worse sound.
My mind is like the tower that succombs,
Under a heavy engine battered down.

It seems to me, dull with this constant thud,
That someone nails a coffin, but for whom?
Yesterday summer, now the fall! Something
With all this eerie pounding will be gone.

II

I love the greenish light in your long eyes
My Sweet! but all is bitterness to me
And nothing, not the boudoir or the hearth,
Today is worth the sunlight on the sea.

And even so you love me, tender heart!
Be mother of this mean, ungrateful one;
Oh lover, sister, be the fleeting sweetness
Of the autumn, of the setting sun.

Brief task! The Tomb is waiting in its greed!
Kneeling before you, let me taste and hold,
While I lament the summer fierce and white,
A ray of the late fall, mellow and gold.

Au pays parfumé que le soleil caresse,
J'ai connu, sous un dais d'arbres tout empourprés
Et de palmiers d'où pleut sur les yeux la paresse,
Une dame créole aux charmes ignorés.

Son teint est pâle et chaud; la brune enchanteresse
A dans le cou des airs noblement maniérés;
Grande et svelte en marchant comme une chasseresse,
Son sourire est tranquille et ses yeux assurés.

Si vous alliez, Madame, au vrai pays de gloire,
Sur les bords de la Seine ou de la verte Loire,
Belle digne d'orner les antiques manoirs,

Vous feriez, à l'abri des ombreuses retraites,
Germer mille sonnets dans le cœur des poëtes,
Que vos grands yeux rendraient plus soumis que vos noirs.

Off in a perfumed land bathed gently by the sun
Under a palm tree's shade tinged with a crimson trace,
A place where indolence drops on the eyes like rain,
I met a Creole lady of unstudied grace.

This brown enchantress' skin is warm and light in tone;
Her neck is noble, proud, her manner dignified;
Slender and tall, she goes with huntress' easy stride;
Her smile is tranquil, and her eyes are confident.

Madame, if you should come to place of pride and praise—
Beside the green Loire, or by the pleasant Seine,
Adorning ancient mansions with your stately ways—

There in the shelter of the shady groves, you'd start
A thousand sonnets blooming in the poets' hearts,
Whom your great eyes would turn to sycophants and slaves.

Ce soir, la lune rêve avec plus de paresse;
Ainsi qu'une beauté, sur de nombreux coussins,
Qui d'une main distraite et légère caresse
Avant de s'endormir le contour de ses seins,

Sur le dos satiné des molles avalanches,
Mourante, elle se livre aux longues pâmoisons,
Et promène ses yeux sur les visions blanches
Qui montent dans l'azur comme des floraisons.

Quand parfois sur ce globe, en sa langueur oisive,
Elle laisse filer une larme furtive,
Un poëte pieux, ennemi du sommeil,

Dans le creux de sa main prend cette larme pâle,
Aux reflets irisés comme un fragment d'opale,
Et la met dans son cœur loin des yeux du soleil.

The moon tonight dreams vacantly, as if
She were a beauty cushioned at her rest
Who strokes with wandering hand her lifting
Nipples, and the contour of her breasts;

Lying as if for love, glazed by the soft
Luxurious avalanche, dying in swoons,
She turns her eyes to visions—clouds aloft
Billowing hugely, blossoming in blue.

When sometimes from her stupefying calm
Onto this earth she drops a furtive tear
Pale as an opal, iridescent, rare,

The poet, sleepless watchman, is the one
To take it up within his hollowed palm
And in his heart to hide it from the sun.

Les amoureux fervents et les savants austères
Aiment également, dans leur mûre saison,
Les chats puissants et doux, orgueil de la maison,
Qui comme eux sont frileux et comme eux sédentaires.

Amis de la science et de la volupté,
Ils cherchent le silence et l'horreur des ténèbres;
L'Érèbe les eût pris pour ses coursiers funèbres,
S'ils pouvaient au servage incliner leur fierté.

Ils prennent en songeant les nobles attitudes
Des grands sphinx allongés au fond des solitudes,
Qui semblent s'endormir dans un rêve sans fin;

Leurs reins féconds sont pleins d'étincelles magiques,
Et des parcelles d'or, ainsi qu'un sable fin,
Étoilent vaguement leurs prunelles mystiques.

Stiff scholars and the hotly amorous
Will in their ripeness equally admire
These strong and gentle cats, pride of the house,
Who, like them, love to sit around the fire.

Friends both of sciences and of l'amour,
They seek the silent, scary place to hide;
Erebus wants them for his funeral corps,
But they would never serve him, in their pride.

They take in sleeping noble attitudes—
Great sphinxes in the desert solitudes,
Who seem to be entranced by endless dreams;

Within their potent loins are magic sparks,
And flakes of gold, fine sand, are vaguely seen
Behind their mystic eyes, gleaming like stars.

Ce spectre singulier n'a pour toute toilette,
Grotesquement campé sur son front de squelette,
Qu'un diadème affreux sentant le carnaval.
Sans éperons, sans fouet, il essouffle un cheval,
Fantôme comme lui, rosse apocalyptique,
Qui bave des naseaux comme un épileptique.
Au travers de l'espace ils s'enfoncent tous deux,
Et foulent l'infini d'un sabot hasardeux.
Le cavalier promène un sabre qui flamboie
Sur les foules sans nom que sa monture broie,
Et parcourt, comme un prince inspectant sa maison,
Le cimetière immense et froid, sans horizon,
Où gisent, aux lueurs d'un soleil blanc et terne,
Les peuples de l'histoire ancienne et moderne.

This freakish ghost has nothing else to wear
But some cheap crown he picked up at a fair
Grotesquely perched atop his boney corpse.
Without a whip or spur he drives his horse—
Ghostly as he, apocalyptic nag—
To pant and drool like someone on a jag.
This duo makes its charge through endless space,
Trampling the infinite with reckless pace.
The horseman waves a blazing sword around
The nameless crowds he's trampled to the ground,
And like a prince inspecting his domain
He travels to a graveyard's empty plain
Where lie, with pallid sunshine overhead,
From old and modern times, the storied dead.

Il est amer et doux, pendant les nuits d'hiver,
D'écouter, près du feu qui palpite et qui fume,
Les souvenirs lointains lentement s'élever
Au bruit des carillons qui chantent dans la brume.

Bienheureuse la cloche au gosier vigoureux
Qui, malgré sa vieillesse, alerte et bien portante,
Jette fidèlement son cri religieux,
Ainsi qu'un vieux soldat qui veille sous la tente!

Moi, mon âme est fêlée, et lorsqu'en ses ennuis
Elle veut de ses chants peupler l'air froid des nuits,
Il arrive souvent que sa voix affaiblie

Semble le râle épais d'un blessé qu'on oublie
Au bord d'un lac de sang, sous un grand tas de morts,
Et qui meurt, sans bouger, dans d'immenses efforts.

How bittersweet it is on winter nights
To hear old recollections raise themselves
Around the flickering fire's wisps of light
And through the mist, in voices of the bells.

Blessed is the bell of clear and virile throat
Alert and dignified despite his rust,
Who faithfully repeats religion's notes
As an old soldier keeps a watchman's trust.

My spirit, though, is cracked; when as she can
She chants to fill the cool night's emptiness,
Too often can her weakening voice be said

To sound the rattle of a wounded man
Beside a bloody pool, stacked with the dead,
Who cannot budge, and dies in fierce distress!

Pluviôse, irrité contre la ville entière,
De son urne à grands flots verse un froid ténébreux
Aux pâles habitants du voisin cimetière
Et la mortalité sur les faubourgs brumeux.

Mon chat sur le carreau cherchant une litière
Agite sans repos son corps maigre et galeux;
L'âme d'un vieux poëte erre dans la gouttière
Avec la triste voix d'un fantôme frileux.

Le bourdon se lamente, et la bûche enfumée
Accompagne en fausset la pendule enrhumée,
Cependant qu'en un jeu plein de sales parfums,

Héritage fatal d'une vieille hydropique,
Le beau valet de cœur et la dame de pique
Causent sinistrement de leurs amours défunts.

King Pluvius, this city on his nerves,
Spills from his urn great waves of chilling fog
On graveyards' pallid inmates, and he pours
Mortality in gloomy district streets.

My restless cat goes scratching on the tiles
To make a litter for his scabby hide.
Some poet's phantom roams the gutter-spouts,
Moaning and whimpering like a freezing soul.

A great bell wails—within, the smoking log
Pipes in falsetto to a wheezing clock,
And meanwhile, in a reeking deck of cards—

Some dropsied crone's foreboding legacy—
The dandy Jack of Hearts and Queen of Spades
Trade sinister accounts of wasted love.

J'ai plus de souvenirs que si j'avais mille ans.

Un gros meuble à tiroirs encombré de bilans,
De vers, de billets doux, de procès, de romances,
Avec de lourds cheveux roulés dans des quittances,
Cache moins de secrets que mon triste cerveau.
C'est une pyramide, un immense caveau,
Qui contient plus de morts que la fosse commune.
— Je suis un cimetière abhorré de la lune,
Où comme des remords se traînent de longs vers
Qui s'acharnent toujours sur mes morts les plus chers.
Je suis un vieux boudoir plein de roses fanées,
Où gît tout un fouillis de modes surannées,
Où les pastels plaintifs et les pâles Boucher,
Seuls, respirent l'odeur d'un flacon débouché.

Rien n'égale en longueur les boiteuses journées,
Quand sous les lourds flocons des neigeuses années
L'ennui, fruit de la morne incuriosité,
Prend les proportions de l'immortalité.
— Désormais tu n'es plus, ô matière vivante!
Qu'un granit entouré d'une vague épouvante,
Assoupi dans le fond d'un Saharah brumeux;
Un vieux sphinx ignoré du monde insoucieux,
Oublié sur la carte, et dont l'humeur farouche
Ne chante qu'aux rayons du soleil qui se couche.

I have more than a thousand years of memories.

A giant chest of drawers, stuffed to the full
With balance sheets, love letters, lawsuits, verse
Romances, locks of hair rolled in receipts,
Hides fewer secrets than my sullen skull.
It is a pyramid, a giant vault
Which holds more corpses than a common grave.
—I am a graveyard hated by the moon
Where like remorse the long worms crawl, and turn
Attention to my dearest of the dead.
I am a dusty boudoir where are heaped
Yesterday's fashions, and where withered roses,
Pale pastels, and faded old Bouchers,
Alone, breathe perfume from an opened flask.

Nothing is longer than the limping days
When, under heavy flakes of years of snow,
Ennui, the fruit of dulling lassitude,
Takes on the size of immortality.
—Henceforth you are no longer living flesh!
You are of granite, wrapped in a vague dread,
Slumbering in some Sahara's hazy sands,
An ancient Sphinx lost to a careless world,
Forgotten on the map, whose haughty mood
Sings only in the glow of setting sun.

Je suis comme le roi d'un pays pluvieux,
Riche, mais impuissant, jeune et pourtant très-vieux,
Qui, de ses précepteurs méprisant les courbettes,
S'ennuie avec ses chiens comme avec d'autres bêtes.
Rien ne peut l'égayer, ni gibier, ni faucon,
Ni son peuple mourant en face du balcon.
Du bouffon favori la grotesque ballade
Ne distrait plus le front de ce cruel malade;
Son lit fleurdelisé se transforme en tombeau,
Et les dames d'atour, pour qui tout prince est beau,
Ne savent plus trouver d'impudique toilette
Pour tirer un souris de ce jeune squelette.
Le savant qui lui fait de l'or n'a jamais pu
De son être extirper l'élément corrompu,
Et dans ces bains de sang qui des Romains nous viennent,
Et dont sur leurs vieux jours les puissants se souviennent,
Il n'a su réchauffer ce cadavre hébété
Où coule au lieu de sang l'eau verte du Léthé.

Spleen (III)

I might as well be king of rainy lands—
Wealthy but sexless, young yet very old,
Who scorns the troupe of tutors at his feet
And dallies with his dogs and other beasts.
Nothing can cheer him—game or falconry—
Not even subjects dying at his door.
The comic jingles of the court buffoon
Do not amuse this cruel and twisted boor.
His regal bed is nothing but a tomb,
And courtesans, who dote on any prince,
No longer have the antics or the clothes
To get a rise from this young rack of bones.
The alchemist who made him gold cannot
Attend his soul and extirpate the flaw;
Nor, in those baths of blood the Romans claimed
Would bring an old man's body youthful force,
Can scholar's knowledge warm to life a corpse
With Lethe's putrid water in its veins.

Quand le ciel bas et lourd pèse comme un couvercle
Sur l'esprit gémissant en proie aux longs ennuis,
Et que de l'horizon embrassant tout le cercle
Il nous verse un jour noir plus triste que les nuits;

Quand la terre est changée en un cachot humide,
Où l'Espérance, comme une chauve-souris,
S'en va battant les murs de son aile timide
Et se cognant la tête à des plafonds pourris;

Quand la pluie étalant ses immenses traînées
D'une vaste prison imite les barreaux,
Et qu'un peuple muet d'infâmes araignées
Vient tendre ses filets au fond de nos cerveaux,

Des cloches tout à coup sautent avec furie
Et lancent vers le ciel un affreux hurlement,
Ainsi que des esprits errants et sans patrie
Qui se mettent à geindre opiniâtrement.

— Et de longs corbillards, sans tambours ni musique,
Défilent lentement dans mon âme; l'Espoir,
Vaincu, pleure, et l'Angoisse atroce, despotique,
Sur mon crâne incliné plante son drapeau noir.

When low and heavy sky weighs like a lid
Upon the spirit moaning in ennui,
And when, spanning the circle of the world,
It pours a black day sadder than our nights;

When earth is changed into a sweaty cell,
Where Hope, as frantic as a captured bat,
Goes beating at the walls with timid wing,
Striking her head against the rotting beams;

When the great rain trailing its steady train
Descends on us like giant prison bars,
And when a silent peopling of spiders
Spins its disgusting threads below our brains,

Bells all at once benumb us with their force,
And hurl about a mad cacophony
As if they were those lost and hopeless souls
Who live and die in desperate shrieks and whines.

—And a long cortege with no drum and no tone
Deploys morosely through my being: Hope
Conquered, moans, and tyrant Anguish gloats—
In my bowed skull he fixes his black flag.

Je veux, pour composer chastement mes églogues,
Coucher auprès du ciel, comme les astrologues,
Et, voisin des clochers, écouter en rêvant
Leurs hymnes solennels emportés par le vent.
Les deux mains au menton, du haut de ma mansarde,
Je verrai l'atelier qui chante et qui bavarde;
Les tuyaux, les clochers, ces mâts de la cité,
Et les grands ciels qui font rêver d'éternité.

Il est doux, à travers les brumes, de voir naître
L'étoile dans l'azur, la lampe à la fenêtre,
Les fleuves de charbon monter au firmament
Et la lune verser son pâle enchantement.
Je verrai les printemps, les étés, les automnes;
Et quand viendra l'hiver aux neiges monotones,
Je fermerai partout portières et volets
Pour bâtir dans la nuit mes féeriques palais.
Alors je rêverai des horizons bleuâtres,
Des jardins, des jets d'eau pleurant dans les albâtres,
Des baisers, des oiseaux chantant soir et matin,
Et tout ce que l'Idylle a de plus enfantin.
L'Émeute, tempêtant vainement à ma vitre,
Ne fera pas lever mon front de mon pupitre;
Car je serai plongé dans cette volupté
D'évoquer le Printemps avec ma volonté,
De tirer un soleil de mon cœur, et de faire
De mes pensers brûlants une tiède atmosphère.

So that I may compose the chastest, purest verse
I wish to lay me down, like the astrologers,
Next to the sky, and hear in reverie the hymns
Of all the neighboring belfries, carried on the wind.
Up in an attic tower, pensively I'll survey
The chimneys, and will find an atelier which sways
And gossips in the breeze; steeples, the city's masts,
Reach upward to the sky, magnificent and vast.

How sweet it is to see, across the misty gloom,
A star born in the blue, a lamp lit in a room,
Smoke from a hundred hearths, rising in purplish streams,
The pale glow of the moon, transfiguring the scene.
I will look out on springs and summers, autumn's show,
And when the winter comes, in monotone of snow,
I'll lock up all the doors and shutters neat and tight,
And build a fairy palace for myself at night.
So I will dream of bright horizons in the blue
Where fountains weep in pools of alabaster hue,
Of kisses in the glades, where birds sing night and day,
Of all to make this idyll innocent and gay.
Disaster, raging vainly at my window glass,
Will never make me raise my forehead from my task,
Since I am plunged in this voluptuous delight—
Of conjuring the spring with all the poet's might,
Of hauling forth a sun out of my heart, with care
Transmuting furious thoughts to gently breathing air.

Le Cygne
        A Victor Hugo

I

Andromaque, je pense à vous! Ce petit fleuve,
Pauvre et triste miroir où jadis resplendit
L'immense majesté de vos douleurs de veuve,
Ce Simoïs menteur qui par vos pleurs grandit,

A fécondé soudain ma mémoire fertile,
Comme je traversais le nouveau Carrousel.
Le vieux Paris n'est plus (la forme d'une ville
Change plus vite, hélas! que le cœur d'un mortel);

Je ne vois qu'en esprit tout ce camp de baraques,
Ces tas de chapiteaux ébauchés et de fûts,
Les herbes, les gros blocs verdis par l'eau des flaques,
Et, brillant aux carreaux, le bric-à-brac confus.

Là s'étalait jadis une ménagerie;
Là je vis, un matin, à l'heure où sous les cieux
Froids et clairs le Travail s'éveille, où la voirie
Pousse un sombre ouragan dans l'air silencieux,

Un cygne qui s'était évadé de sa cage,
Et, de ses pieds palmés frottant le pavé sec,
Sur le sol raboteux traînait son blanc plumage.
Près d'un ruisseau sans eau la bête ouvrant le bec

Baignait nerveusement ses ailes dans la poudre,
Et disait, le cœur plein de son beau lac natal:
« Eau, quand donc pleuvras-tu? quand tonneras-tu, foudre? »
Je vois ce malheureux, mythe étrange et fatal,

Vers le ciel quelquefois, comme l'homme d'Ovide,
Vers le ciel ironique et cruellement bleu,
Sur son cou convulsif tendant sa tête avide,
Comme s'il adressait des reproches à Dieu!

II

Paris change! mais rien dans ma mélancolie
N'a bougé! palais neufs, échafaudages, blocs,
Vieux faubourgs, tout pour moi devient allégorie,
Et mes chers souvenirs sont plus lourds que des rocs.

for Victor Hugo

I

Andromache, I think of you—this meager stream,
This melancholy mirror where had once shone forth
The giant majesty of all your widowhood,
This fraudulent Simois, fed by bitter tears,

Has quickened suddenly my fertile memory
As I was walking through the modern Carrousel.
The old Paris is gone (the form a city takes
More quickly shifts, alas, than does the heart of man);

I picture in my head the busy camp of huts,
And heaps of rough-hewn columns, capitals and shafts,
The grass, and giant blocks made green by puddle-stain,
Reflected in the glaze, the jumbled bric-a-brac.

Once nearby was displayed a great menagerie,
And there I saw one day—the time when under skies
Cold and newly-bright, Labor stirs awake
And sweepers push their clouds into the silent air—

A swan, who had escaped from his captivity,
And scuffing his splayed feet along the paving stones,
He trailed his white array of feathers in the dirt.
Close by a dried-out ditch the bird opened his beak,

Flapping excitedly, bathing his wings in dust,
And said, with heart possessed by lakes he once had loved,
"Water, when will you rain? Thunder when will you roar?"
I see this hapless creature, sad and fatal myth,

Stretching the hungry head on his convulsive neck,
Sometimes toward the sky, like the man in Ovid's book—
Toward the ironic sky, the sky of cruel blue,
As if he were a soul contesting with his God!

II

Paris may change, but in my melancholy mood
Nothing has budged! New palaces, blocks, scaffoldings,
Old neighborhoods, are allegorical for me,
And my dear memories are heavier than stone.

Aussi devant ce Louvre une image m'opprime:
Je pense à mon grand cygne, avec ses gestes fous,
Comme les exilés, ridicule et sublime,
Et rongé d'un désir sans trêve! et puis à vous,

Andromaque, des bras d'un grand époux tombée,
Vil bétail, sous la main du superbe Pyrrhus,
Auprès d'un tombeau vide en extase courbée;
Veuve d'Hector, hélas! et femme d'Hélénus!

Je pense à la négresse, amaigrie et phthisique,
Piétinant dans la boue, et cherchant, l'œil hagard,
Les cocotiers absents de la superbe Afrique
Derrière la muraille immense du brouillard;

A quiconque a perdu ce qui ne se retrouve
Jamais, jamais! à ceux qui s'abreuvent de pleurs
Et tettent la Douleur comme une bonne louve!
Aux maigres orphelins séchant comme des fleurs!

Ainsi dans la forêt où mon esprit s'exile
Un vieux Souvenir sonne à plein souffle du cor!
Je pense aux matelots oubliés dans une île,
Aux captifs, aux vaincus! . . . à bien d'autres encor!

And so outside the Louvre an image gave me pause:
I thought of my great swan, an exile of a kind,
His gestures pained and mad, ridiculous and sublime,
Gnawed by his endless longing! Then I thought of you,

Fallen Andromache, torn from a husband's arms,
Vile property beneath the haughty Pyrrhus' hand,
Next to an empty tomb, head bowed in ecstasy,
Widow of Hector! Oh! and wife of Helenus!

I think of a negress, thin and tubercular,
Treading in the mire, searching with haggard eye
For palm trees she recalls from gorgeous Africa,
Somewhere behind a giant barrier of fog;

Of those who are bereft of something to be found
Never, never again! who steep themselves in tears
And suck a bitter milk from that good she-wolf, grief!
Of orphans, skin and bones, dry and wasted blooms!

And likewise in the wood, my exiled spirit's home,
Old memory sings out a full note of the horn!
I think of sailors left forgotten on an isle,
Of captives, the defeated . . . many others more!

Les Sept Vieillards
A Victor Hugo

Fourmillante cité, cité pleine de rêves,
Où le spectre en plein jour raccroche le passant!
Les mystères partout coulent comme des séves
Dans les canaux étroits du colosse puissant.

Un matin, cependant que dans la triste rue
Les maisons, dont la brume allongeait la hauteur,
Simulaient les deux quais d'une rivière accrue,
Et que, décor semblable à l'âme de l'acteur,

Un brouillard sale et jaune inondait tout l'espace,
Je suivais, roidissant mes nerfs comme un héros
Et discutant avec mon âme déjà lasse,
Le faubourg secoué par les lourds tombereaux.

Tout à coup, un vieillard dont les guenilles jaunes
Imitaient la couleur de ce ciel pluvieux,
Et dont l'aspect aurait fait pleuvoir les aumônes,
Sans la méchanceté qui luisait dans ses yeux,

M'apparut. On eût dit sa prunelle trempée
Dans le fiel; son regard aiguisait les frimas,
Et sa barbe à longs poils, roide comme une épée,
Se projetait, pareille à celle de Judas.

Il n'était pas voûté, mais cassé, son échine
Faisant avec sa jambe un parfait angle droit,
Si bien que son bâton, parachevant sa mine,
Lui donnait la tournure et le pas maladroit

D'un quadrupède infirme ou d'un juif à trois pattes.
Dans la neige et la boue il allait s'empêtrant,
Comme s'il écrasait des morts sous ses savates,
Hostile à l'univers plutôt qu'indifférent.

Son pareil le suivait: barbe, œil, dos, bâton, loques,
Nul trait ne distinguait, du même enfer venu,
Ce jumeau centenaire, et ces spectres baroques
Marchaient du même pas vers un but inconnu.

A quel complot infâme étais-je donc en butte,
Ou quel méchant hasard ainsi m'humiliait?
Car je comptai sept fois, de minute en minute,
Ce sinistre vieillard qui se multipliait!

for Victor Hugo

City of swarming, city full of dreams
Where ghosts in daylight tug the stroller's sleeve!
Mysteries everywhere run like the sap
That fills this great colossus' conduits.

One morning, while along the somber street
The houses, rendered taller by the mist,
Seemed to be towering wharves at riverside,
And while (our stage-set like the actor's soul)

A dirty yellow steam filled all the space,
I followed, with a hero's iron nerve
To set against my spirit's lassitude,
The district streets shaken by rumbling carts.

All of a sudden, an old man whose rags
Themselves were yellowed like the rainy day,
At whose sight charity might have poured down,
Without the evil glitter in his eyes,

Appeared to me. I'd say his eye was steeped
In gall; his glance was sharp as any frost;
His shaggy beard, stiff as a duellist's sword,
Stood out, and Judas came into my mind.

You would not call him bent, but broken down—
His spine made a right angle with his legs
So neatly that his cane, the final touch,
Gave him the figure and the clumsy step

Of some sick beast, or a three-legged Jew.
In snow and filth he made his heavy way,
As if his old shoes trampled on the dead
In hatred, not indifference to life.

His double followed: beard, eye, back, stick, rags,
No separate traits, and come from the same hell.
This second ancient man, baroque, grotesque,
Trod with the same step toward their unknown goal.

To what conspiracy was I exposed,
What wicked chance humiliated me?
For one by one I counted seven times
Multiples of this sinister old man!

Que celui-là qui rit de mon inquiétude,
Et qui n'est pas saisi d'un frisson fraternel,
Songe bien que malgré tant de décrépitude
Ces sept monstres hideux avaient l'air éternel!

Aurais-je, sans mourir, contemplé le huitième,
Sosie inexorable, ironique et fatal,
Dégoûtant Phénix, fils et père de lui-même?
— Mais je tournai le dos au cortége infernal.

Exaspéré comme un ivrogne qui voit double,
Je rentrai, je fermai ma porte, épouvanté,
Malade et morfondu, l'esprit fiévreux et trouble,
Blessé par le mystère et par l'absurdité!

Vainement ma raison voulait prendre la barre;
La tempête en jouant déroutait ses efforts,
Et mon âme dansait, vieille gabarre
Sans mâts, sur une mer monstrueuse et sans bords!

Those who would laugh at my frenetic state,
Who are not seized by a fraternal chill,
Must ponder that, despite their feebleness,
These monsters smacked of all eternity!

Could I still live and look upon the eighth
Relentless twin, fatal, disgusting freak,
Trick Phoenix, son and father of himself?
—I turned my back on this parade from Hell.

Bedazzled, like a double-visioned drunk,
I staggered home and shut the door, aghast,
Shaking and sick, the spirit feverous,
Struck by this mystery, this absurdity!

Vainly my reason reached to clutch the helm;
The giddy tempest baffled every grasp,
And my soul danced in circles like a hull
Dismasted, on a monstrous shoreless sea!

Les Petites Vieilles

A Victor Hugo

I

Dans les plis sinueux des vieilles capitales,
Où tout, même l'horreur, tourne aux enchantements,
Je guette, obéissant à mes humeurs fatales,
Des êtres singuliers, décrépits et charmants.

Ces monstres disloqués furent jadis des femmes,
Éponine ou Laïs! Monstres brisés, bossus
Ou tordus, aimons-les! ce sont encor des âmes.
Sous des jupons troués et sous de froids tissus

Ils rampent, flagellés par les bises iniques,
Frémissant au fracas roulant des omnibus,
Et serrant sur leur flanc, ainsi que des reliques,
Un petit sac brodé de fleurs ou de rébus;

Ils trottent, tout pareils à des marionnettes;
Se traînent, comme font les animaux blessés,
Ou dansent, sans vouloir danser, pauvres sonnettes
Où se pend un Démon sans pitié! Tout cassés

Qu'ils sont, ils ont des yeux perçants comme une vrille,
Luisants comme ces trous où l'eau dort dans la nuit;
Ils ont les yeux divins de la petite fille
Qui s'étonne et qui rit à tout ce qui reluit.

— Avez-vous observé que maints cercueils de vieilles
Sont presque aussi petits que celui d'un enfant?
La Mort savante met dans ces bières pareilles
Un symbole d'un goût bizarre et captivant,

Et lorsque j'entrevois un fantôme débile
Traversant de Paris le fourmillant tableau,
Il me semble toujours que cet être fragile
S'en va tout doucement vers un nouveau berceau;

A moins que, méditant sur la géométrie,
Je ne cherche, à l'aspect de ces membres discords,
Combien de fois il faut que l'ouvrier varie
La forme de la boîte où l'on met tous ces corps.

— Ces yeux sont des puits faits d'un million de larmes,
Des creusets qu'un métal refroidi pailleta . . .
Ces yeux mystérieux ont d'invincibles charmes
Pour celui que l'austère Infortune allaita!

The Little Old Women
    for Victor Hugo

    I

In sinuous coils of the old capitals
Where even horror weaves a magic spell,
Obediant to my caprice, I watch
For these odd beings with appalling charms.

These dislocated wrecks were women once,
Were Eponine or Lais! hunch-backed freaks,
Though broken let us love them! they are souls.
Under cold rags, their shredded petticoats,

They creep, lashed by the merciless north wind,
Quake from the riot of an omnibus,
Clasp by their sides like relics of a saint
Embroidered bags of flowery design;

They toddle, every bit like marionettes,
Or drag themselves like wounded animals,
Or dance against their will, poor little bells
That a remorseless demon rings! Worn out

They are, yet they have eyes piercing like drills,
Shining like pot-holes where the water sleeps;
Heavenly eyes, as of a little girl
Who laughs with joy at anything that shines.

—Have you observed that coffins of the old
Are nearly small enough to fit a child?
Death, in this similarity, sets up
An eerie symbol with a strange appeal,

And when I glimpse some feeble phantom there,
Part of the swarming tableau of the town,
It always seems to me this fragile soul
Is moving gently to her cradle bed;

Unless geometry occurs to me
In shapes of these contorted limbs, and I
Think how the workmen have to modify
The boxes where these bodies will be lain.

—These eyes are wells, made of a million tears,
Or crucibles where spangled metal cools . . .
These eyes of mystery have deathless charms
For those who suckle tribulation's breast!

II

De Frascati défunt Vestale enamourée;
Prêtresse de Thalie, hélas! dont le souffleur
Enterré sait le nom; célèbre évaporée
Que Tivoli jadis ombragea dans sa fleur,

Toutes m'enivrent! mais parmi ces êtres frêles
Il en est qui, faisant de la douleur un miel,
Ont dit au Dévouement qui leur prêtait ses ailes:
Hippogriffe puissant, mène-moi jusqu'au ciel!

L'une, par sa patrie au malheur exercée,
L'autre, que son époux surchargea de douleurs,
L'autre, par son enfant Madone transpercée,
Toutes auraient pu faire un fleuve avec leurs pleurs!

III

Ah! que j'en ai suivi de ces petites vieilles!
Une, entre autres, à l'heure où le soleil tombant
Ensanglante le ciel de blessures vermeilles,
Pensive, s'asseyait à l'écart sur un banc,

Pour entendre un de ces concerts, riches de cuivre,
Dont les soldats parfois inondent nos jardins,
Et qui, dans ces soirs d'or où l'on se sent revivre,
Versent quelque héroïsme au cœur des citadins.

Celle-là, droite encor, fière et sentant la règle,
Humait avidement ce chant vif et guerrier;
Son œil parfois s'ouvrait comme l'œil d'un vieil aigle;
Son front de marbre avait l'air fait pour le laurier!

IV

Telles vous cheminez, stoïques et sans plaintes,
A travers le chaos des vivantes cités,
Mères au cœur saignant, courtisanes ou saintes,
Dont autrefois les noms par tous étaient cités.

Vous qui fûtes la grâce ou qui fûtes la gloire,
Nul ne vous reconnaît! un ivrogne incivil
Vous insulte en passant d'un amour dérisoire;
Sur vos talons gambade un enfant lâche et vil.

II

Vestal of love, from old Frascati's rooms;
Priestess of Thalia, name only known
By the dead prompter; vanished beauty
Tivoli once shaded in its blooms,

All make me drunk! but with these weaker souls
Are those, making a honey of their grief,
Who've said to Sacrifice, who lent them wings,
Lift me into the sky, great Hippogriffe!

One by her homeland trained in misery,
Another whom her husband overtaxed,
One a Madonna martyred by her child—
Oh each could make a river with her tears!

III

How I have studied these old women's lives!
One among others, when the sun would fall
Steeping the sky in blood from ruby wounds,
Pensive, would settle on a bench alone

To listen to a concert, rich with brass,
With which the soldiers sometimes flood our parks
And pour, in evenings that revive the soul,
Such heroism in the townsmen's hearts.

She, then, upright and proud, stirred by the cause,
Vigorously inhaled this warlike song:
Sometimes her eye gleamed like an eagle's eye;
Fit for the laurel was her marble brow!

IV

So you plod on, stoic, without complaints,
Through the chaotic city's teeming waste,
Saints, courtesans, mothers of bleeding hearts,
Whose names, in times past, everyone had known.

You glorious ones, you who were full of grace,
Not one remembers you! some rowdy drunk
Insults you on the street with crude remarks;
A taunting child cuts capers at your heels.

Honteuses d'exister, ombres ratatinées,
Peureuses, le dos bas, vous côtoyez les murs;
Et nul ne vous salue, étranges destinées!
Débris d'humanité pour l'éternité mûrs!

Mais moi, moi qui de loin tendrement vous surveille,
L'œil inquiet, fixé sur vos pas incertains,
Tout comme si j'étais votre père, ô merveille!
Je goûte à votre insu des plaisirs clandestins:

Je vois s'épanouir vos passions novices;
Sombres ou lumineux, je vis vos jours perdus;
Mon cœur multiplié jouit de tous vos vices!
Mon âme resplendit de toutes vos vertus!

Ruines! ma famille! ô cerveaux congénères!
Je vous fais chaque soir un solennel adieu!
Où serez-vous demain, Èves octogénaires,
Sur qui pèse la griffe effroyable de Dieu?

Oh you ashamed of living, shrunken shades,
Fearful, with backs bent, how you hug the walls;
And no one greets you, strange and fated souls!
Debris of man, ripe for eternity!

But I, who from a distance mark your steps
With tenderness, and restless eye intent
As though I were your father, wondrous thought!
Unknown to you I taste a secret joy:

I see your novice passions blossoming;
Somber or sunny, I see your lost days;
Heart multiplied, I share in all your vice!
With all your virtue shines my glowing soul!

Ruins! my family! my fellow-minds!
Each evening I will bid a grave adieu!
What of tomorrow, Eves of eighty years,
Pressed by the dreadful talon of the Lord?

Voici le soir charmant, ami du criminel;
Il vient comme un complice, à pas de loup; le ciel
Se ferme lentement comme une grande alcôve,
Et l'homme impatient se change en bête fauve.

O soir, aimable soir, désiré par celui
Dont les bras, sans mentir, peuvent dire: Aujourd'hui
Nous avons travaillé!—C'est le soir qui soulage
Les esprits que dévore une douleur sauvage,
Le savant obstiné dont le front s'alourdit,
Et l'ouvrier courbé qui regagne son lit.
Cependant des démons malsains dans l'atmosphère
S'éveillent lourdement, comme des gens d'affaire,
Et cognent en volant les volets et l'auvent.
A travers les lueurs que tourmente le vent
La Prostitution s'allume dans les rues;
Comme une fourmilière elle ouvre ses issues;
Partout elle se fraye un occulte chemin,
Ainsi que l'ennemi qui tente un coup de main;
Elle remue au sein de la cité de fange
Comme un ver qui dérobe à l'Homme ce qu'il mange.
On entend çà et là les cuisines siffler,
Les théâtres glapir, les orchestres ronfler;
Les tables d'hôte, dont le jeu fait les délices,
S'emplissent de catins et d'escrocs, leurs complices,
Et les voleurs, qui n'ont ni trêve ni merci,
Vont bientôt commencer leur travail, eux aussi,
Et forcer doucement les portes et les caisses
Pour vivre quelques jours et vêtir leurs maîtresses.

Recueille-toi, mon âme, en ce grave moment,
Et ferme ton oreille à ce rugissement.
C'est l'heure où les douleurs des malades s'aigrissent!
La sombre Nuit les prend à la gorge; ils finissent
Leur destinée et vont vers le gouffre commun;
L'hôpital se remplit de leurs soupirs. — Plus d'un
Ne viendra plus chercher la soupe parfumée,
Au coin du feu, le soir, auprès d'une âme aimée.

Encore la plupart n'ont-ils jamais connu
La douceur du foyer et n'ont jamais vécu!

Sweet evening comes, friend of the criminal,
Like an accomplice with a light footfall;
The sky shuts on itself as though a tomb,
And man turns beast within his restless room.

Oh evening, night, so wished for by the one
Whose honest, weary arms can say: We've done
Our work today!—The night will bring relief
To spirits who consume themselves with grief,
The scholar who is bowed with heavy head,
The broken worker falling into bed.
Meanwhile, corrupting demons of the air
Slowly wake up like men of great affairs,
And, flying, bump our shutters and our eaves.
Against the glimmerings teased by the breeze
Old Prostitution blazes in the streets;
She opens out her nest-of-ants retreat;
Everywhere she clears the secret routes,
A stealthy force preparing for a coup;
She moves within this city made of mud,
A worm who steals from man his daily food.
One hears the hissing kitchens close at hand,
The playhouse screech, the blaring of a band.
The tables at the inns where gamesmen sport
Are full of swindlers, sluts, and all their sort.
Robbers who show no pity to their prey
Get ready for their nightly work-a-day
Of cracking safes and deftly forcing doors,
To live a few weeks more and dress their whores.

Collect yourself, my soul, in this grave time,
And shut out all this clamor from the slime.
This is the time of sick men's sharpest pain!
Black night will grab their throats; they cry in vain,
And finish out their fate in common grave;
The hospital is filled with gasps. They have
No further need to think of evenings spent
At fireside—the fragrant soup, the friend.

But most of them have never known the call
Of friendly hearth, have never lived at all!

Quand je te vois passer, ô ma chère indolente,
Au chant des instruments qui se brise au plafond
Suspendant ton allure harmonieuse et lente,
Et promenant l'ennui de ton regard profond;

Quand je contemple, aux feux du gaz qui le colore,
Ton front pâle, embelli par un morbide attrait,
Où les torches du soir allument une aurore,
Et tes yeux attirants comme ceux d'un portrait,

Je me dis: Qu'elle est belle! et bizarrement fraîche!
Le souvenir massif, royale et lourde tour,
La couronne, et son cœur, meurtri comme une pêche,
Est mûr, comme son corps, pour le savant amour.

Es-tu le fruit d'automne aux saveurs souveraines?
Es-tu vase funèbre attendant quelques pleurs,
Parfum qui fait rêver aux oasis lointaines,
Oreiller caressant, ou corbeille de fleurs?

Je sais qu'il est des yeux, des plus mélancoliques,
Qui ne recèlent point de secrets précieux;
Beaux écrins sans joyaux, médaillons sans reliques,
Plus vides, plus profonds que vous-mêmes, ô Cieux!

Mais ne suffit-il pas que tu sois l'apparence,
Pour réjouir un cœur qui fuit la vérité?
Qu'importe ta bêtise ou ton indifférence?
Masque ou décor, salut! J'adore ta beauté.

When I watch you go by, in all your indolence,
To sound of instruments within the echoing hall,
Suspending your appeal of lingering harmony,
And showing in your glance the ennui of your soul;

And when I contemplate, in coloring flames of gas,
Your pallid brow enhanced with a morbidity,
Where torches of the evening light a promised dawn,
And your alluring eyes, a master's artistry,

I think, how sweet she is! and oddly innocent!
All of her memories, great tower raised above,
Crown her, and oh her heart, bruised like a softened peach,
Is mellow, like her body, ripe for skillful love.

Are you the fruit of fall, when flavor is supreme?
Funeral vase, that waits for tears in darkened rooms,
Perfume that brings the far oases to our dreams,
Caressing pillow, or a basket of fresh blooms?

I know that there are eyes, the finest and most sad,
Which hide no precious secrets, neither truths nor lies;
Handsome, like empty lockets, caskets without jewels,
More barren, more profound, than you yourselves, oh skies!

But is it not enough that your rare loveliness
Can bring a heart to joy, that flees from what is true?
What if you are inane, what if indifferent!
Mask, decoration, hail! Beauty, I worship you!

Je n'ai pas oublié, voisine de la ville,
Notre blanche maison, petite mais tranquille;
Sa Pomone de plâtre et sa vieille Vénus
Dans un bosquet chétif cachant leurs membres nus,
Et le soleil, le soir, ruisselant et superbe,
Qui, derrière la vitre où se brisait sa gerbe,
Semblait, grand œil ouvert dans le ciel curieux,
Contempler nos dîners longs et silencieux,
Répandant largement ses beaux reflets de cierge
Sur la nappe frugale et les rideaux de serge.

I have not forgotten our little white retreat
Where we were neighbors to the town of busy streets;
Our plaster Venus and Pomona barely could
Conceal their nakedness within our meager wood.
Evenings, the sun would stream superbly, and would splash
Prismatic colors through the simple window glass;
He seemed a curious eye in overarching space
Who watched us as we dined in silence, without haste,
And spread throughout the room a mellow candle-glow
On frugal drapes of serge, the tablecloth below.

O fins d'automne, hivers, printemps trempés de boue,
Endormeuses saisons! je vous aime et vous loue
D'envelopper ainsi mon cœur et mon cerveau
D'un linceul vaporeux et d'un vague tombeau.

Dans cette grande plaine où l'autan froid se joue,
Où par les longues nuits la girouette s'enroue,
Mon âme mieux qu'au temps du tiède renouveau
Ouvrira largement ses ailes de corbeau.

Rien n'est plus doux au cœur plein de choses funèbres,
Et sur qui dès longtemps descendent les frimas,
O blafardes saisons, reines de nos climats,

Que l'aspect permanent de vos pâles ténèbres,
— Si ce n'est, par un soir sans lune, deux à deux,
D'endormir la douleur sur un lit hasardeux.

Autumn's last days, winters, and mud-soaked spring
I praise the stupefaction that you bring
By so enveloping my heart and brain
In shroud of vapors, tomb of mist and rain.

In this great flatness where the chill winds course,
Where through the nights the weather-cock grows hoarse,
My soul, more than in mild tepidity,
Will open out her raven's wings and fly.

Oh blankest seasons, queens of all my praise,
Nothing is sweet to the funereal breast
Which has been steeped in frost and wintriness

But the continuous face of your pale shades
—Except we two, where moonlight never creeps
Daring in bed to put our griefs to sleep.

La diane chantait dans les cours des casernes,
Et le vent du matin soufflait sur les lanternes.

C'était l'heure où l'essaim des rêves malfaisants
Tord sur leurs oreillers les bruns adolescents;
Où, comme un œil sanglant qui palpite et qui bouge,
La lampe sur le jour fait une tache rouge;
Où l'âme, sous le poids du corps revêche et lourd,
Imite les combats de la lampe et du jour.
Comme un visage en pleurs que les brises essuient,
L'air est plein du frisson des choses qui s'enfuient,
Et l'homme est las d'écrire et la femme d'aimer.

Les maisons çà et là commençaient à fumer.
Les femmes de plaisir, la paupière livide,
Bouche ouverte, dormaient de leur sommeil stupide;
Les pauvresses, traînant leurs seins maigres et froids,
Soufflaient sur leurs tisons et soufflaient sur leurs doigts.
C'était l'heure où parmi le froid et la lésine
S'aggravent les douleurs des femmes en gésine;
Comme un sanglot coupé par un sang écumeux
Le chant du coq au loin déchirait l'air brumeux;
Une mer de brouillards baignait les édifices,
Et les agonisants dans le fond des hospices
Poussaient leur dernier râle en hoquets inégaux.
Les débauchés rentraient, brisés par leurs travaux.

L'aurore grelottante en robe rose et verte
S'avançait lentement sur la Seine déserte,
Et le sombre Paris, en se frottant les yeux,
Empoignait ses outils, vieillard laborieux.

Reveille sang its call within the army camp,
And moving air disturbed the tall, commanding lamps.

It was the time when dreams of lust and swarming heat
Set brown young adolescents twisting in their sheets;
When, like a bloody eye that pulses as it stares,
The torches cast a stain of red throughout the air;
When spirits, in the burden of the body's sway,
Mimic the struggles of the torches and the day.
The air, a face in tears that breezes will wipe dry,
Is full of tremors of escaping things that fly.
And he is tired of writing, she of making love.

This house and that began to send their smoke above.
With ghastly painted eyes, the women of the streets,
Mouths gaping open, lay within their stupid sleep.
Poor women, slack breasts dangling, cold and lean as rails,
Blew on their smoldering logs, or on their purple nails.
It was the hour when, among the bare and poor,
Unfortunates in childbed suffered all the more;
Like a tormented sob cut short by foaming blood
A distant rooster's cry tore through the misty flood,
A very sea of fogs bathing the shops and streets,
And dying poorhouse wretches from their sad retreats
Rattled away their lives in strangulated coughs.
Love's veterans came home, broken by labors lost.

Aurora, trembling in her gown of rose and green,
Made her way slowly on the still-deserted Seine.
Old Paris rubbed his eyes, woke to the day again,
And gathered up his tools, that honest working man.

Le regard singulier d'une femme galante
Qui se glisse vers nous comme le rayon blanc
Que la lune onduleuse envoie au lac tremblant,
Quand elle y veut baigner sa beauté nonchalante;

Le dernier sac d'écus dans les doigts d'un joueur;
Un baiser libertin de la maigre Adeline;
Les sons d'une musique énervante et câline,
Semblable au cri lointain de l'humaine douleur,

Tout cela ne vaut pas, ô bouteille profonde,
Les baumes pénétrants que ta panse féconde
Garde au cœur altéré du poëte pieux;

Tu lui verses l'espoir, la jeunesse et la vie,
— Et l'orgueil, ce trésor de toute gueuserie,
Qui nous rend triomphants et semblables aux Dieux!

A handsome woman's tantalizing gaze
Which glides our way as softly as the beam
'The sinuous moon sends out in silver sheen
Across the lake to bathe her careless rays;

His purse of cash, the gambler's last relief;
A flaming kiss from haggard Adeline;
Music, which sounds a faint, unnerving whine
That seems the distant cry of human grief,

Great jug, all these together are not worth
The penetrating balms within your girth
Saved for the pious poet's thirsting soul;

You pour out for him youth, and life, and hope
—And pride, the treasure of the beggar folk,
Which makes us like the Gods, triumphant, whole!

Sans cesse à mes côtés s'agite le Démon;
Il nage autour de moi comme un air impalpable;
Je l'avale et le sens qui brûle mon poumon
Et l'emplit d'un désir éternel et coupable.

Parfois il prend, sachant mon grand amour de l'Art,
La forme de la plus séduisante des femmes,
Et, sous de spécieux prétextes de cafard,
Accoutume ma lèvre à des philtres infâmes.

Il me conduit ainsi, loin du regard de Dieu,
Haletant et brisé de fatigue, au milieu
Des plaines de l'Ennui, profondes et désertes,

Et jette dans mes yeux pleins de confusion
Des vêtements souillés, des blessures ouvertes,
Et l'appareil sanglant de la Destruction!

The fiend is at my side without a rest;
He swirls around me like a subtle breeze;
I swallow him, and burning fills my breast,
And calls me to desire's shameful needs.

Knowing my love of art, he may select
A woman's form—most perfect, most corrupt—
And under sanctimonious pretext
Bring to my lips the potion of her lust.

Thus does he lead me, far from sight of God,
Broken and gasping, out into the broad
And wasted plains of Ennui, deep and still,

Then throws before my staring eyes some gowns
And bloody garments stained by open wounds,
And dripping engines of Destruction's will!

Mère des jeux latins et des voluptés grecques,
Lesbos, où les baisers, languissants ou joyeux,
Chauds comme les soleils, frais comme les pastèques,
Font l'ornement des nuits et des jours glorieux;
Mère des jeux latins et des voluptés grecques,

Lesbos, où les baisers sont comme les cascades
Qui se jettent sans peur dans les gouffres sans fonds,
Et courent, sanglotant et gloussant par saccades,
Orageux et secrets, fourmillants et profonds;
Lesbos, où les baisers sont comme les cascades!

Lesbos, où les Phrynés l'une l'autre s'attirent,
Où jamais un soupir ne resta sans écho,
A l'égal de Paphos les étoiles t'admirent,
Et Vénus à bon droit peut jalouser Sapho!
Lesbos, où les Phrynés l'une l'autre s'attirent,

Lesbos, terre des nuits chaudes et langoureuses,
Qui font qu'à leurs miroirs, stérile volupté!
Les filles aux yeux creux, de leurs corps amoureuses,
Caressent les fruits mûrs de leur nubilité;
Lesbos, terre des nuits chaudes et langoureuses,

Laisse du vieux Platon se froncer l'œil austère;
Tu tires ton pardon de l'excès des baisers,
Reine du doux empire, aimable et noble terre,
Et des raffinements toujours inépuisés.
Laisse du vieux Platon se froncer l'œil austère.

Tu tires ton pardon de l'éternel martyre,
Infligé sans relâche aux cœurs ambitieux,
Qu'attire loin de nous le radieux sourire
Entrevu vaguement au bord des autres cieux!
Tu tires ton pardon de l'éternel martyre!

Qui des Dieux osera, Lesbos, être ton juge
Et condamner ton front pâli dans les travaux,
Si ses balances d'or n'ont pesé le déluge
De larmes qu'à la mer ont versé tes ruisseaux?
Qui des Dieux osera, Lesbos, être ton juge?

Mother of Roman games and Greek delights,
Lesbos, where kisses languorous or gay,
As hot as suns, or watermelon-fresh,
Make festivals of days and glorious nights;
Mother of Roman games and Greek delights,

Lesbos, where love is like the wild cascades
That throw themselves into the deepest gulfs,
And twist and run with gurglings and sobs,
Stormy and secret, swarming underground;
Lesbos, where love is like the wild cascades!

Lesbos, where Phrynes seek each other out,
Where no sigh ever went without response,
Lovely as Paphos in the sight of stars,
Where Venus envies Sappho, with good cause!
Lesbos, where Phrynes seek each other out.

Lesbos, land of the warm and languid nights
That draw in mirrors sterile fantasies,
So girls with hollow eyes make love alone,
Fondling their avid bodies' mellow fruit;
Lesbos, land of the warm and languid nights,

Let some dry Plato squint the narrow eye;
Queen of sweet empire—pleasant, noble land—
You're pardoned by the excess of your kisses,
And by your endless subtleties in love.
Let some dry Plato squint the narrow eye.

You're pardoned by eternal martyrdom
Lived constantly in those with hungering hearts
Who glimpse that radiant smile beyond our grasp
That beckons from the brink of other skies!
You're pardoned by eternal martyrdom!

What God would dare to act as Lesbos' judge
And to condemn your pale and wasted brow,
Without the weighing in those golden scales
Of floods of tears your brooks have swept to sea?
What God would dare to act as Lesbos' judge?

Que nous veulent les lois du juste et de l'injuste?
Vierges au cœur sublime, honneur de l'archipel,
Votre religion comme une autre est auguste,
Et l'amour se rira de l'Enfer et du Ciel!
Que nous veulent les lois du juste et de l'injuste?

Car Lesbos entre tous m'a choisi sur la terre
Pour chanter le secret de ses vierges en fleurs,
Et je fus dès l'enfance admis au noir mystère
Des rires effrénés mêlés aux sombres pleurs;
Car Lesbos entre tous m'a choisi sur la terre.

Et depuis lors je veille au sommet de Leucate,
Comme une sentinelle à l'œil perçant et sûr,
Qui guette nuit et jour brick, tartane ou frégate,
Dont les formes au loin frissonnent dans l'azur;
Et depuis lors je veille au sommet de Leucate

Pour savoir si la mer est indulgente et bonne,
Et parmi les sanglots dont le roc retentit
Un soir ramènera vers Lesbos, qui pardonne,
Le cadavre adoré de Sapho, qui partit
Pour savoir si la mer est indulgente et bonne!

De la mâle Sapho, l'amante et le poëte,
Plus belle que Vénus par ses mornes pâleurs!
— L'œil d'azur est vaincu par l'œil noir que tachète
Le cercle ténébreux tracé par les douleurs
De la mâle Sapho, l'amante et le poëte!

— Plus belle que Vénus se dressant sur le monde
Et versant les trésors de sa sérénité
Et le rayonnement de sa jeunesse blonde
Sur le vieil Océan de sa fille enchanté;
Plus belle que Vénus se dressant sur le monde!

—De Sapho qui mourut le jour de son blasphème,
Quand, insultant le rite et le culte inventé,
Elle fit son beau corps la pâture suprême
D'un brutal dont l'orgueil punit l'impiété
De celle qui mourut le jour de son blasphème.

Et c'est depuis ce temps que Lesbos se lamente,
Et, malgré les honneurs que lui rend l'univers,
S'enivre chaque nuit du cri de la tourmente
Que poussent vers les cieux ses rivages déserts!
Et c'est depuis ce temps que Lesbos se lamente!

What do we care for laws of right and wrong?
Maidens of highest heart, pride of the land,
The vows you make are fervent as a priest's,
And love will laugh at Heaven and at Hell!
What do we care for laws of right and wrong?

Since I am Lesbos' choice from all on earth
To sing the secret of her flowering maids,
And I am one with that dark brotherhood
Which knows of frenzied laughter through the tears—
Since I am Lesbos' choice from all on earth,

I spend my time on watch from Leucas' peak,
A sentinal with sure and piercing eye,
Who searches night and day for sail or hull,
The distant forms that shiver in the blue;
I spend my time on watch from Leucas' peak

To find out if the sea is ever kind,
And to the land where sobbing lives in stones
Will carry home, to Lesbos who forgives,
The worshipped corpse of Sappho, who made trial
To find out if the sea is ever kind!

Of Sappho, male in poetry and love,
More beautiful than Venus, though her face
Be pallid, and her azure eyes made dim
With shadowy circles drawn by all the griefs
Of Sappho, male in poetry and love!

—Fairer than Venus rising on the world
Who spreads out treasures of serenity
And all the radiance of her golden youth
On old man Ocean, dazzled by his child;
Fairer than Venus rising on the world!

—Of Sappho who that day blasphemed and died,
When she, against the rite the cult devised,
Let her sweet body be the rutting-ground
For a brute whose pride condemned the heresy
Of her who on that day blasphemed and died.

And since that time Lesbos has lived with tears.
Neglecting honors that the world holds forth,
She stupefies herself each night with cries
That beat her barren shores against the skies!
And since that time Lesbos has lived with tears!

A la pâle clarté des lampes languissantes,
Sur de profonds coussins tout imprégnés d'odeur,
Hippolyte rêvait aux caresses puissantes
Qui levaient le rideau de sa jeune candeur.

Elle cherchait, d'un œil troublé par la tempête,
De sa naïveté le ciel déjà lointain,
Ainsi qu'un voyageur qui retourne la tête
Vers les horizons bleus dépassés le matin.

De ses yeux amortis les paresseuses larmes,
L'air brisé, la stupeur, la morne volupté,
Ses bras vaincus, jetés comme de vaines armes,
Tout servait, tout parait sa fragile beauté.

Étendue à ses pieds, calme et pleine de joie,
Delphine la couvait avec des yeux ardents,
Comme un animal fort qui surveille une proie,
Après l'avoir d'abord marquée avec les dents.

Beauté forte à genoux devant la beauté frêle,
Superbe, elle humait voluptueusement
Le vin de son triomphe, et s'allongeait vers elle,
Comme pour recueillir un doux remercîment.

Elle cherchait dans l'œil de sa pâle victime
Le cantique muet que chante le plaisir,
Et cette gratitude infinie et sublime
Qui sort de la paupière ainsi qu'un long soupir.

— « Hippolyte, cher cœur, que dis-tu de ces choses?
Comprends-tu maintenant qu'il ne faut pas offrir
L'holocauste sacré de tes premières roses
Aux souffles violents qui pourraient les flétrir?

Mes baisers sont légers comme ces éphémères
Qui caressent le soir les grands lacs transparents,
Et ceux de ton amant creuseront leurs ornières
Comme des chariots ou des socs déchirants;

Ils passeront sur toi comme un lourd attelage
De chevaux et de bœufs aux sabots sans pitié . . .
Hippolyte, ô ma sœur! tourne donc ton visage,
Toi, mon âme et mon cœur, mon tout et ma moitié,

Within the dwindling glow of light from languid lamps,
Sunk in the softest cushions soaked with heady scent,
Hippolyta lay dreaming of the thrilling touch
Which spread apart the veil of her young innocence.

She searched with troubled eye, in her naiveté
Out of her passion's storm, for sky already lost—
A voyager who turns and looks beyond the wake
To blue horizons which had once been overhead.

The heavy tears which fell from dull and weary eyes,
The broken look, the stupor, the voluptuousness,
Her conquered arms, thrown down, surrendered in the field,
All strangely served her still, to show her fragile charm.

Stretched calmly at her feet, and happily content,
Delphine looked up at her with those compelling eyes
Like a strong animal which oversees her prey,
First having taken care to mark it with her teeth.

Strong beauty on her knees before frail beauty's couch,
Superb, luxurious, she breathed completely in
The wine of triumph, and she stretched out toward her love
As if to gather in a kiss of recompense.

She looked within the eye of that pale conquered soul
For silent canticles, which chant of love's delight
And of that gratitude, sublime and infinite,
Which from the eyelids spreads like a soft-breathing sigh.

—"Hippolyta, dear heart, what do you have to say?
Now do you understand you do not need to give
The sacred offering of roses of your youth
To one who'd wither them with his terrific breath?

My kisses are as light as mayflies on the wing
Caressing in the dusk the great transparent lakes.
But those your lover gives dig out their cruel ruts
Like chariots, or like the farmer's biting plow;

They pass across you like a heavy, coupled team—
Pitiless horses' tread, or oxen's brutal hooves . . .
Sister Hippolyta! then turn your face to me.
My darling, heart and soul, my better self, my all,

Tourne vers moi tes yeux pleins d'azur et d'étoiles!
Pour un de ces regards charmants, baume divin,
Des plaisirs plus obscurs je lèverai les voiles
Et je t'endormirai dans un rêve sans fin! »

Mais Hippolyte alors, levant sa jeune tête:
— « Je ne suis point ingrate et ne me repens pas,
Ma Delphine, je souffre et je suis inquiète,
Comme après un nocturne et terrible repas.

Je sens fondre sur moi de lourdes épouvantes
Et de noirs bataillons de fantômes épars,
Qui veulent me conduire en des routes mouvantes
Qu'un horizon sanglant ferme de toutes parts.

Avons-nous donc commis une action étrange?
Explique, si tu peux, mon trouble et mon effroi:
Je frissonne de peur quand tu me dis: « Mon ange! »
Et cependant je sens ma bouche aller vers toi.

Ne me regarde pas ainsi, toi, ma pensée!
Toi que j'aime à jamais, ma sœur d'élection,
Quand même tu serais une embûche dressée
Et le commencement de ma perdition! »

Delphine secouant sa crinière tragique,
Et comme trépignant sur le trépied de fer,
L'œil fatal, répondit d'une voix despotique:
— « Qui donc devant l'amour ose parler d'enfer?

Maudit soit à jamais le rêveur inutile
Qui voulut le premier, dans sa stupidité,
S'éprenant d'un problème insoluble et stérile,
Aux choses de l'amour mêler l'honnêteté!

Celui qui veut unir dans un accord mystique
L'ombre avec la chaleur, la nuit avec le jour,
Ne chauffera jamais son corps paralytique
A ce rouge soleil que l'on nomme l'amour!

Va, si tu veux, chercher un fiancé stupide;
Cours offrir un cœur vierge à ses cruels baisers;
Et, pleine de remords et d'horreur, et livide,
Tu me rapporteras tes seins stigmatisés . . .

Turn down to me your eyes, so blue and full of stars!
For just one charming glance, divinely healing balm,
I'll raise the veil for you of pleasure's secret depths,
And lull you fast asleep within an endless dream!"

But then Hippolyta, lifting her troubled head:
—"My Delphine, do not think that I repent our love;
I'm not ungrateful, but I suffer in distress
As if I'd been a part of some strange midnight feast.

I feel such heavy dread dissolving over me,
And black battalions of a scattered troop of ghosts
Who wish to lead me off on roads that shift and move
Beneath a bloody sky which closes all around.

Have we committed then a strange forbidden act?
Please, if you can, explain my trouble and my fright:
I shake and tremble when you say to me 'my love!'
And still I feel my mouth is yearning at your call.

My heart's-ease and my dear, don't look at me that way!
Oh sister of my choice, you'll always be my love,
Although you seem to be an ambush ready-set,
The first disturbing step along the road to Hell!"

Delphine, then, rising up to shake her tragic mane,
Stamping in fury, as in Delphic tripod dance,
Flashing her fatal eye, answered in despot's voice:
—"Who in the face of love dares speak to me of Hell?

Accursed may he be, the one with useless dreams
Who in stupidity, taking a fancy to
A sterile conundrum, impossible to solve,
First sought to mix the ways of virtue and of love!

One who would wish to join within a mystic bond
Shadow with glowing heat, the nighttime with the day.
Never will come to warm his paralytic flesh
At this refulgent sun, the love that we have known!

Go, will you! Find yourself some stupid fiancé;
Go give a virgin heart to torturous embrace;
And, livid, with your fill of horror and remorse,
Come running back to me with brands across your breasts . . .

On ne peut ici-bas contenter qu'un seul maître! »
Mais l'enfant, épanchant une immense douleur,
Cria soudain: « — Je sens s'élargir dans mon être
Un abîme béant; cet abîme est mon cœur!

Brûlant comme un volcan, profond comme le vide!
Rien ne rassasiera ce monstre gémissant
Et ne rafraîchira la soif de l'Euménide
Qui, la torche à la main, le brûle jusqu'au sang.

Que nos rideaux fermés nous séparent du monde,
Et que la lassitude amène le repos!
Je veux m'anéantir dans ta gorge profonde
Et trouver sur ton sein la fraîcheur des tombeaux! »

— Descendez, descendez, lamentables victimes,
Descendez le chemin de l'enfer éternel!
Plongez au plus profond du gouffre, où tous les crimes,
Flagellés par un vent qui ne vient pas du ciel,

Bouillonnent pêle-mêle avec un bruit d'orage.
Ombres folles, courez au but de vos désirs;
Jamais vous ne pourrez assouvir votre rage,
Et votre châtiment naîtra de vos plaisirs.

Jamais un rayon frais n'éclaira vos cavernes,
Par les fentes des murs des miasmes fiévreux
Filtrent en s'enflammant ainsi que des lanternes
Et pénètrent vos corps de leurs parfums affreux.

L'âpre stérilité de votre jouissance
Altère votre soif et roidit votre peau,
Et le vent furibond de la concupiscence
Fait claquer votre chair ainsi qu'un vieux drapeau.

Loin des peuples vivants, errantes, condamnées,
A travers les déserts courez comme les loups;
Faites votre destin, âmes désordonnées,
Et fuyez l'infini que vous portez en vous!

In this world only one true master can be served!"
But the unhappy child poured out a giant grief
As suddenly she cried:—"I feel within my soul
An opening abyss: this chasm is my heart!

Deep as the void, with a volcano's boiling heat!
This fierce and moaning monster nothing can assuage,
And nothing can refresh the Furies' fiery thirst,
Who take the torch in hand and burn his flesh to blood!

Let our closed curtains, then, remove us from the world,
And let our lassitude allow us to find rest!
I would obliterate myself upon your throat
And find the coolness of the tombs within your breast!"

—Descend you victims, oh lamentably descend,
Descend along the path to the eternal Hell!
Plunge on into the gulf where all the shameful crimes,
Those foolish shadows, run at limits of desire,

Seething this way and that with a great thunderous noise,
Flogged by a heavy wind which never saw the sky;
There never will you find your passion satisfied,
And your torment will be your pleasure's awful child.

Never a freshening ray will shine into your caves;
Through cracks along the walls will filter deadly mists
Which cast a lantern's glow of pale and dismal flame
And penetrate your bodies with perfumes of death.

The harsh sterility of all your acts of lust
Will bring a dreadful thirst and stiffen out your skin,
And your concupiscence become a furious wind
To snap your feeble flesh like a neglected flag.

Far from the living world, sinners who have been judged
Across the Devil's wastes will rush like frantic wolves;
So you will flee from God, who lives within your souls—
You sick, disordered spirits, make your home in Hell!

Comme un bétail pensif sur le sable couchées,
Elles tournent leurs yeux vers l'horizon des mers,
Et leurs pieds se cherchant et leurs mains rapprochées
Ont de douces langueurs et des frissons amers.

Les unes, cœurs épris des longues confidences,
Dans le fond des bosquets où jasent les ruisseaux,
Vont épelant l'amour des craintives enfances
Et creusent le bois vert des jeunes arbrisseaux;

D'autres, comme des sœurs, marchent lentes et graves
A travers les rochers pleins d'apparitions,
Où saint Antoine a vu surgir comme des laves
Les seins nus et pourprés de ses tentations;

Il en est, aux lueurs des résines croulantes,
Qui dans le creux muet des vieux antres païens
T'appellent au secours de leurs fièvres hurlantes,
O Bacchus, endormeur des remords anciens!

Et d'autres, dont la gorge aime les scapulaires,
Qui, recélant un fouet sous leurs longs vêtements,
Mêlent, dans le bois sombre et les nuits solitaires,
L'écume du plaisir aux larmes des tourments.

O vierges, ô démons, ô monstres, ô martyres,
De la réalité grands esprits contempteurs,
Chercheuses d'infini, dévotes et satyres,
Tantôt pleines de cris, tantôt pleines de pleurs,

Vous que dans votre enfer mon âme a poursuivies,
Pauvres sœurs, je vous aime autant que je vous plains,
Pour vos mornes douleurs, vos soifs inassouvies,
Et les urnes d'amour dont vos grands cœurs sont pleins!

Like pensive cattle lying on the sands
They gaze upon the endless seas, until
Feet grope for feet, and hands close over hands,
In languid sweetness or with quivering chill.

Some, with full hearts from long and private talk
In deep groves, where the brooks will chide and tease,
Spell out the love of fretful girlishness,
Carving the fresh green wood of tender trees.

Others, like sisters, walk with stately pace
Where apparitions live in craggy piles,
Where rose like lava for St. Anthony
The naked, purple breasts of his great trial.

Some there may be as well, by resin glow,
Deep in a cave where ancient pagans met,
Who plead for care of fevers in a rage,
To Bacchus, silencer of all regret.

And others, with a taste for monkish cloaks,
Who, secreting a lash beneath the cloth,
Within the woods, through solitary nights,
Mingle with tears of pain their passion's froth.

Oh maidens, demons, monsters—martyrs all,
Spirits disdainful of reality,
Satyrs and seekers of the infinite
With rain of tears or cries of ecstasy,

You whom my soul has followed to your hell,
Poor sisters, let me pity and approve—
For all your leaden griefs, for slakeless thirsts,
And for your hearts, great urns that ache with love!

La Débauche et la Mort sont deux aimables filles,
Prodigues de baisers et riches de santé,
Dont le flanc toujours vierge et drapé de guenilles
Sous l'éternel labeur n'a jamais enfanté.

Au poëte sinistre, ennemi des familles,
Favori de l'enfer, courtisan mal renté,
Tombeaux et lupanars montrent sous leurs charmilles
Un lit que le remords n'a jamais fréquenté.

Et la bière et l'alcôve en blasphèmes fécondes
Nous offrent tour à tour, comme deux bonnes sœurs,
De terribles plaisirs et d'affreuses douceurs.

Quand veux-tu m'enterrer, Débauche aux bras immondes?
O Mort, quand viendras-tu, sa rivale en attraits,
Sur ses myrtes infects enter tes noirs cyprès?

Debauch and Death are a fine, healthy pair
Of girls, whose love is prodigal and free.
Their bellies, underneath the rags they wear,
Are barren, though they labor constantly.

To the arch poet, foe of families,
Hell's darling, poor relation of the courts,
Brothels and tombs show in dark galleries
A bed never frequented by remorse,

And coffin, alcove, rich in blasphemy,
As two good sisters would, offer as treats
Terrible pleasures, horrifying sweets.

Debauch, when will your clutches bury me?
Oh rival Death, will you be coming now
To graft black cypress to her myrtle bough?

Il me semble parfois que mon sang coule à flots,
Ainsi qu'une fontaine aux rhythmiques sanglots.
Je l'entends bien qui coule avec un long murmure,
Mais je me tâte en vain pour trouver la blessure.

A travers la cité, comme dans un champ clos,
Il s'en va, transformant les pavés en îlots,
Désaltérant la soif de chaque créature,
Et partout colorant en rouge la nature.

J'ai demandé souvent à des vins captieux
D'endormir pour un jour la terreur qui me mine;
Le vin rend l'œil plus clair et l'oreille plus fine!

J'ai cherché dans l'amour un sommeil oublieux;
Mais l'amour n'est pour moi qu'un matelas d'aiguilles
Fait pour donner à boire à ces cruelles filles!

Sometimes it seems my blood spurts out in gobs
As if it were a fountain's pulsing sobs;
I clearly hear it mutter as it goes,
Yet cannot find the wound from which it flows.

Then through the city, coursing in the lists,
It travels, forming islands in its midst,
Seeing that every creature will be fed
And staining nature its flamboyant red.

Oh I have asked of wine the magic way
To drug my terrors, even for a day;
Wine clears the eye, makes hearing more distinct!

I've sought forgetfulness in love, but failed,
Since love for me is just a bed of nails
Made to provide these women bloody drink!

C'est une femme belle et de riche encolure,
Qui laisse dans son vin traîner sa chevelure.
Les griffes de l'amour, les poisons du tripot,
Tout glisse et tout s'émousse au granit de sa peau.
Elle rit à la Mort et nargue la Débauche,
Ces monstres dont la main, qui toujours gratte et fauche,
Dans ses jeux destructeurs a pourtant respecté
De ce corps ferme et droit la rude majesté.
Elle marche en déesse et repose en sultane;
Elle a dans le plaisir la foi mahométane,
Et dans ses bras ouverts, que remplissent ses seins,
Elle appelle des yeux la race des humains.
Elle croit, elle sait, cette vierge inféconde
Et pourtant nécessaire à la marche du monde,
Que la beauté du corps est un sublime don
Qui de toute infamie arrache le pardon.
Elle ignore l'Enfer comme le Purgatoire,
Et quand l'heure viendra d'entrer dans la Nuit noire,
Elle regardera la face de la Mort,
Ainsi qu'un nouveau-né, — sans haine et sans remord.

Picture a beauty, shoulders rich and fine,
Letting her long hair trail into her wine.
Talons of love, the poison tooth of sin
Slip and are dulled against her granite skin.
She laughs at Death and flouts Debauchery;
Those fiends who in their heavy pleasantries
Gouge and destroy, still keep a strange regard
For majesty—her body strong and hard.
A goddess, or a sultan's regal wife—
A faithful Paynim of voluptuous life—
She calls all eyes to feast upon the charms
Of ready breasts, between her open arms.
She feels, she knows—this maid, this barren girl
By our desire fit to move the world—
The gift of body's beauty is sublime
And draws forgiveness out of every crime.
She knows no Hell, or any afterlife,
And when her time shall come to face the Night
She'll meet Death like a newborn, face to face
In innocence—with neither guilt nor hate.

Dans des terrains cendreux, calcinés, sans verdure,
Comme je me plaignais un jour à la nature,
Et que de ma pensée, en vaguant au hasard,
J'aiguisais lentement sur mon cœur le poignard,
Je vis en plein midi descendre sur ma tête
Un nuage funèbre et gros d'une tempête,
Qui portait un troupeau de démons vicieux,
Semblables à des nains cruels et curieux.
A me considérer froidement ils se mirent,
Et, comme des passants sur un fou qu'ils admirent,
Je les entendis rire et chuchoter entre eux,
En échangeant maint signe et maint clignement d'yeux:

— « Contemplons à loisir cette caricature
Et cette ombre d'Hamlet imitant sa posture,
Le regard indécis et les cheveux au vent.
N'est-ce pas grand'pitié de voir ce bon vivant,
Ce gueux, cet histrion en vacances, ce drôle,
Parce qu'il sait jouer artistement son rôle,
Vouloir intéresser au chant de ses douleurs
Les aigles, les grillons, les ruisseaux et les fleurs,
Et même à nous, auteurs de ces vieilles rubriques,
Réciter en hurlant ses tirades publiques? »

J'aurais pu (mon orgueil aussi haut que les monts
Domine la nuée et le cri des démons)
Détourner simplement ma tête souveraine,
Si je n'eusse pas vu parmi leur troupe obscène,
Crime qui n'a pas fait chanceler le soleil!
La reine de mon cœur au regard nonpareil,
Qui riait avec eux de ma sombre détresse
Et leur versait parfois quelque sale caresse.

In ashy, chalky landscapes of the mind
As I cried out to nature from my soul,
And as my thoughts took on a keener edge,
A dagger slowly whetted on my heart,
In plainest day I saw around my head
A lowering cloud as weighty as a storm,
Which bore within a vicious demon throng
Who showed themselves as cruel and curious dwarves,
Disdainfully they circled and observed
And, as a madman draws a crowd to jokes,
I heard them laugh and whisper each to each,
Giving their telling nudges and their winks:

"Now is the time to roast this comic sketch,
This shadow-Hamlet, who takes the pose—
The indecisive stare and straying hair.
A pity, isn't it, to see this fraud,
This posturer, this actor on relief?
Because he plays his role with some slight art
He thinks his shabby whining entertains
The eagles, and the bugs and brooks and flowers.
Even to us, who wrote these trite charades,
He mouths the speeches of his paltry show."

I had authority (my giant pride
Can easily disperse that chattering rout)
And simply could have turned my sovereign head,
But for the shame that should have struck the sun!
I had to watch, among that filthy race,
My heart's ideal, with beauty's perfect face,
Laughing with those who fed on my distress,
And stroking more than one with low caress.

La femme cependant, de sa bouche de fraise,
En se tordant ainsi qu'un serpent sur la braise,
Et pétrissant ses seins sur le fer de son busc,
Laissait couler ces mots tout imprégnés de musc:
— « Moi, j'ai la lèvre humide, et je sais la science
De perdre au fond d'un lit l'antique conscience.
Je sèche tous les pleurs sur mes seins triomphants,
Et fais rire les vieux du rire des enfants.
Je remplace, pour qui me voit nue et sans voiles,
La lune, le soleil, le ciel et les étoiles!
Je suis, mon cher savant, si docte aux voluptés,
Lorsque j'étouffe un homme en mes bras redoutés,
Ou lorsque j'abandonne aux morsures mon buste,
Timide et libertine, et fragile et robuste,
Que sur ces matelas qui se pâment d'émoi,
Les anges impuissants se damneraient pour moi! »

Quand elle eut de mes os sucé toute la moelle,
Et que languissamment je me tournai vers elle
Pour lui rendre un baiser d'amour, je ne vis plus
Qu'une outre aux flancs gluants, toute pleine de pus!
Je fermai les deux yeux, dans ma froide épouvante,
Et quand je les rouvris à la clarté vivante,
A mes côtés, au lieu du mannequin puissant
Qui semblait avoir fait provision de sang,
Tremblaient confusément des débris de squelette,
Qui d'eux-mêmes rendaient le cri d'une girouette
Ou d'une enseigne, au bout d'une tringle de fer,
Que balance le vent pendant les nuits d'hiver.

Shaping her breasts against her corset's metal bands,
Twisting and writhing like a snake on fiery sands,
The woman, meanwhile, from her mouth of strawberry
Let flow these fragrant words of musky mystery:
—"I have the moistest lip, and well I know the skill
Within a bed's soft heart, to lose the moral will.
I dry up all your tears on my triumphant bust
And make the old to laugh the laugh of young men's lust.
I take the place for those who see my naked arts
Of moon and of the sun and all the other stars.
I am, my dear savant, so studied in my charms
That when I stifle men within my ardent arms
Or when I give my breast to their excited bites,
Shy or unrestrained, of passionate delight,
On all those mattresses that swoon in ecstasy
Even helpless angels damn themselves for me!"

When she had drained the marrow out of all my bones,
When I turned listlessly amid my languid moans,
To give a kiss of love, no thing was with me but
A greasy leather flask that overflowed with pus!
Frozen with terror, then, I clenched both of my eyes;
When I reopened them into the living light
I saw I was beside no vampire mannekin
Which lived by having sucked the blood out of my skin,
But bits of skeleton, some rattling remains
Which spoke out with the clacking of a weathervane,
Or of a hanging shop sign, on an iron spike,
Swung roughly by the wind on gusty winter nights.

Mon cœur, comme un oiseau, voltigeait tout joyeux
Et planait librement à l'entour des cordages;
Le navire roulait sous un ciel sans nuages,
Comme un ange enivré d'un soleil radieux.

Quelle est cette île triste et noire? — C'est Cythère,
Nous dit-on, un pays fameux dans les chansons,
Eldorado banal de tous les vieux garçons.
Regardez, après tout, c'est une pauvre terre.

— Ile des doux secrets et des fêtes du cœur!
De l'antique Vénus le superbe fantôme
Au-dessus de tes mers plane comme un arome,
Et charge les esprits d'amour et de langueur.

Belle île aux myrtes verts, pleine de fleurs écloses,
Vénérée à jamais par toute nation,
Où les soupirs des cœurs en adoration
Roulent comme l'encens sur un jardin de roses

Ou le roucoulement éternel d'un ramier!
— Cythère n'était plus qu'un terrain des plus maigres,
Un désert rocailleux troublé par des cris aigres.
J'entrevoyais pourtant un objet singulier!

Ce n'était pas un temple aux ombres bocagères,
Où la jeune prêtresse, amoureuse des fleurs,
Allait, le corps brûlé de secrètes chaleurs,
Entre-bâillant sa robe aux brises passagères;

Mais voilà qu'en rasant la côte d'assez près
Pour troubler les oiseaux avec nos voiles blanches,
Nous vîmes que c'était un gibet à trois branches,
Du ciel se détachant en noir, comme un cyprès.

De féroces oiseaux perchés sur leur pâture
Détruisaient avec rage un pendu déjà mûr,
Chacun plantant, comme un outil, son bec impur
Dans tous les coins saignants de cette pourriture;

Les yeux étaient deux trous, et du ventre effondré
Les intestins pesants lui coulaient sur les cuisses,
Et ses bourreaux, gorgés de hideuses délices,
L'avaient à coups de bec absolument châtré.

My heart was like a bird which fluttered joyously
And glided free among the tackle and the lines!
The vessel rolled along under a cloudless sky—
An angel, tipsy, gay, full of the radiant sun.

What is that sad black isle? I asked as we approached—
They call it Cythera, land to write songs about,
Banal Utopia of veterans of love;
But to us, after all, it seems a wasted place.

—Island of sweet intrigues, and feastings of the heart!
Of ancient Venus, most magnificent of ghosts,
Over your swelling seas glides a bewitching scent
Enrapturing the soul in languishing and love.

Sweet isle of greenery, myrtle and blooming flowers,
Perpetual delight of men in every land,
Where sighs of adoration from the hearts of lovers
Roll as incense does over a rosy bower,

Or like the constant croon of pigeons in a wood!
—Cythera was not only barren in terrain—
A mere deserted rock, disturbed by piercing cries—
But on it I could glimpse a curious device!

And not an edifice, no temple in the trees
Where the young worshiper, the flowers' devotee,
Would tarry, body burning, hot with secret lust,
Her robe half-open to the fleeting wisps of breeze;

But as we skimmed the shore, fairly near enough
To agitate the birds with swelling of our sails,
What we saw was a gibbet, made of three great stakes.
It reared against the sky, black, as a cypress stands.

Ferocious birds were gathered, snatching at their food,
With fierce rage eating through a shape already ripe;
Each creature worked his tool, his dripping filthy beak,
Into the bleeding holes of this hanging rottenness.

The eyes were two blank gaps, and from the hollow paunch
Its tangled guts let loose, spilling over the thighs,
And those tormentors, gorged with hideous delights,
Had castrated the corpse with snapping of their beaks.

Sous les pieds, un troupeau de jaloux quadrupèdes,
Le museau relevé, tournoyait et rôdait;
Une plus grande bête au milieu s'agitait
Comme un exécuteur entouré de ses aides.

Habitant de Cythère, enfant d'un ciel si beau,
Silencieusement tu souffrais ces insultes
En expiation de tes infâmes cultes
Et des péchés qui t'ont interdit le tombeau.

Ridicule pendu, tes douleurs sont les miennes!
Je sentis, à l'aspect de tes membres flottants,
Comme un vomissement, remonter vers mes dents
Le long fleuve de fiel des douleurs anciennes;

Devant toi, pauvre diable au souvenir si cher,
J'ai senti tous les becs et toutes les mâchoires
Des corbeaux lancinants et des panthères noires
Qui jadis aimaient tant à triturer ma chair.

— Le ciel était charmant, la mer était unie;
Pour moi tout était noir et sanglant désormais,
Hélas! et j'avais, comme en un suaire épais,
Le cœur enseveli dans cette allégorie.

Dans ton île, ô Vénus! je n'ai trouvé debout
Qu'un gibet symbolique où pendait mon image . . . . .
— Ah! Seigneur! donnez-moi la force et le courage
De contempler mon cœur et mon corps sans dégoût!

Under the dangling feet, an eager troop of beasts,
Muzzles lifted high, wheeled and prowled about;
A giant in their midst was restless all the more—
The executioner, assembling his aides.

Dweller in Cythera, child of a sky so clear,
In silence you endure these desecrations—
Fit treatment for a lifetime full of infamy
And crimes which have denied you proper burial.

Hanged man, ridiculous, your agony is mine!
I feel, in blinding view of your loose-hanging limbs,
A rising to the teeth, a building in my throat
Of a choking spew of gall, and all my ancient griefs;

Along with you, poor soul, so poignant to my thoughts,
I suffered all the stabs of all the killer crows
And felt the grinding jaws of panthers cruel and black,
Who took such great delight in feasting on my flesh.

—The sky was ravishing, the sea a very glass;
For me the world was black, and bloody would it be.
Alas! And I have wrapped my heart as in a shroud;
In allegory here I give it to its tomb.

Venus, in your black isle nothing is found erect
But the symbolic tree whereon my image hung.
Ah, Lord! I beg of you the courage and the strength
To love without disgust my carcass at its core!

Qu'est-ce que Dieu fait donc de ce flot d'anathèmes
Qui monte tous les jours vers ses chers Séraphins?
Comme un tyran gorgé de viande et de vins,
Il s'endort au doux bruit de nos affreux blasphèmes.

Les sanglots des martyrs et des suppliciés
Sont une symphonie enivrante sans doute,
Puisque, malgré le sang que leur volupté coûte,
Les cieux ne s'en sont point encore rassasiés!

— Ah! Jésus, souviens-toi du Jardin des Olives!
Dans ta simplicité tu priais à genoux
Celui qui dans son ciel riait au bruit des clous
Que d'ignobles bourreaux plantaient dans tes chairs vives,

Lorsque tu vis cracher sur ta divinité
La crapule du corps de garde et des cuisines,
Et lorsque tu sentis s'enfoncer les épines
Dans ton crâne où vivait l'immense Humanité;

Quand de ton corps brisé la pesanteur horrible
Allongeait tes deux bras distendus, que ton sang
Et ta sueur coulaient de ton front pâlissant,
Quand tu fus devant tous posé comme une cible,

Rêvais-tu de ces jours si brillants et si beaux
Où tu vins pour remplir l'éternelle promesse,
Où tu foulais, monté sur une douce ânesse,
Des chemins tout jonchés de fleurs et de rameaux,

Où, le cœur tout gonflé d'espoir et de vaillance,
Tu fouettais tous ces vils marchands à tour de bras,
Où tu fus maître enfin?   Le remords n'a-t-il pas
Pénétré dans ton flanc plus avant que la lance?

— Certes, je sortirai, quant à moi, satisfait
D'un monde où l'action n'est pas la sœur du rêve;
Puissé-je user du glaive et périr par le glaive!
Saint Pierre a renié Jésus . . . il a bien fait!

What, then, has God to say of cursing heresies,
Which rise up like a flood at precious angels' feet?
A self-indulgent tyrant, stuffed with wine and meat,
He sleeps to soothing sounds of monstrous blasphemies.

The sobs of martyred saints and groans of tortured men
No doubt provide the Lord with rapturous symphonies.
And yet the heavenly hosts are scarcely even pleased
In spite of all the blood men dedicate to them.

—Jesus, do you recall the grove of olive trees
Where on your knees, in your simplicity, you prayed
To Him who sat and heard the noise the nailing made
In your live flesh, as villains did their awful deed,

When you saw, spitting on your pure divinity,
Scum from the kitchens, outcasts, guardsmen in disgrace,
And felt the crown of thorns around your gentle face
Piercing your temples, home of our humanity,

When, like a target, you were raised above the crowd,
When the appalling wrench of broken body's weight
Stretched out your spreading arms, and as your blood and sweat
Streamed down your body, and across your pallid brow,

Did you remember all the days of brilliant calm
You went forth to fulfill the promise made by God,
And on a gentle ass triumphantly you trod
The streets all strewn with blooms and branches of the palms,

When with your heart so full of hope and far from fear,
You lashed with all your might that moneychanging lot,
And were at last the master? Oh, and then did not
Chagrin strike through your side more keenly than the spear?

—Believe it, as for me, I'll go out satisfied
From this world where the deed and dream do not accord;
Would I might wield the sword, and perish by the sword!
Peter rejected Jesus . . . he was justified!

La Mort des Amants

Nous aurons des lits pleins d'odeurs légères,
Des divans profonds comme des tombeaux,
Et d'étranges fleurs sur des étagères,
Ecloses pour nous sous des cieux plus beaux.

Usant à l'envi leurs chaleurs dernières,
Nos deux cœurs seront deux vastes flambeaux,
Qui réfléchiront leurs doubles lumières
Dans nos deux esprits, ces miroirs jumeaux.

Un soir fait de rose et de bleu mystique,
Nous échangerons un éclair unique,
Comme un long sanglot, tout chargé d'adieux;

Et plus tard un Ange, entr'ouvrant les portes,
Viendra ranimer, fidèle et joyeux,
Les miroirs ternis et les flammes mortes.

We will have beds imbued with mildest scent,
And couches, deep as tombs, in which to lie,
Flowers around us, strange and opulent,
Blooming on shelves under the finest skies.

Approaching equally their final light,
Our twin hearts will be two great flaming brands
Which will be double in each other's sight—
Our souls the mirrors where the image stands.

One evening made of rose and mystic blue
We will flare out, in an epiphany
Like a long sob, charged with our last adieux.

And later, opening the doors, will be
An Angel, who will joyfully reglaze
The tarnished mirrors, and relight the blaze.

C'est la Mort qui console, hélas! et qui fait vivre;
C'est le but de la vie, et c'est le seul espoir
Qui, comme un élixir, nous monte et nous enivre,
Et nous donne le cœur de marcher jusqu'au soir;

A travers la tempête, et la neige, et le givre,
C'est la clarté vibrante à notre horizon noir;
C'est l'auberge fameuse inscrite sur le livre,
Où l'on pourra manger, et dormir, et s'asseoir;

C'est un Ange qui tient dans ses doigts magnétiques
Le sommeil et le don des rêves extatiques,
Et qui refait le lit des gens pauvres et nus;

C'est la gloire des Dieux, c'est le grenier mystique,
C'est la bourse du pauvre et sa patrie antique,
C'est le portique ouvert sur les Cieux inconnus!

It is death which consoles and allows us to live.
Alas! that life's end should be all of our hope;
It goes to our heads like a powerful drink,
And gives us the heart to walk into the dark;

Through storm and through snow, through the frost at our feet,
It's the pulsating beacon at limit of sight,
The illustrious inn that's described in the book,
Where we'll sit ourselves down, and will eat and will sleep;

It's an Angel who holds in his magical grip
Our peace, and the gift of magnificent dreams,
And who makes up the beds of the poor and the bare;

It's the glory of Gods, it's the mystical loft,
It's the purse of the poor and their true native land,
It's the porch looking out on mysterious skies!

Combien faut-il de fois secouer mes grelots
Et baiser ton front bas, morne caricature?
Pour piquer dans le but, de mystique nature,
Combien, ô mon carquois, perdre de javelots?

Nous userons notre âme en de subtils complots,
Et nous démolirons mainte lourde armature,
Avant de contempler la grande Créature
Dont l'infernal désir nous remplit de sanglots!

Il en est qui jamais n'ont connu leur Idole,
Et ces sculpteurs damnés et marqués d'un affront,
Qui vont se martelant la poitrine et le front,

N'ont qu'un espoir, étrange et sombre Capitole!
C'est que la Mort, planant comme un soleil nouveau,
Fera s'épanouir les fleurs de leur cerveau!

How many times must I jingle my little bells
And kiss your ugly forehead, shabby substitute?
How many, oh my quiver, spears and bolts to lose
Trying to hit the target, Nature's mystic self?

We will wear out our souls concocting subtle schemes,
And we'll be wrecking many a clumsy piece we've done
Before we gaze upon the great and wondrous One,
For whom we've often sobbed, wracked by the devil's dreams!

And some there are who never realize their Ideal—
They are the damned of sculptors, marked by their disgrace,
Who go to beat themselves about the breast and face.

For these there is one hope, strange, somber Capitol!
It is that Death, a new and hovering sun, will find
A way to bring to bloom the flowers of their minds!

Le Voyage

A Maxime Du Camp

I

Pour l'enfant, amoureux de cartes et d'estampes,
L'univers est égal à son vaste appétit.
Ah! que le monde est grand à la clarté des lampes!
Aux yeux du souvenir que le monde est petit!

Un matin nous partons, le cerveau plein de flamme,
Le cœur gros de rancune et de désirs amers,
Et nous allons, suivant le rhythme de la lame,
Berçant notre infini sur le fini des mers:

Les uns, joyeux de fuir une patrie infâme;
D'autres, l'horreur de leurs berceaux, et quelques-uns,
Astrologues noyés dans les yeux d'une femme,
La Circé tyrannique aux dangereux parfums.

Pour n'être pas changés en bêtes, ils s'enivrent
D'espace et de lumière et de cieux embrasés;
La glace qui les mord, les soleils qui les cuivrent,
Effacent lentement la marque des baisers.

Mais les vrais voyageurs sont ceux-là seuls qui partent
Pour partir; cœurs légers, semblables aux ballons,
De leur fatalité jamais ils ne s'écartent,
Et, sans savoir pourquoi, disent toujours: Allons!

Ceux-là dont les désirs ont la forme des nues,
Et qui rêvent, ainsi qu'un conscrit le canon,
De vastes voluptés, changeantes, inconnues,
Et dont l'esprit humain n'a jamais su le nom!

II

Nous imitons, horreur! la toupie et la boule
Dans leur valse et leurs bonds; même dans nos sommeils
La Curiosité nous tourmente et nous roule,
Comme un Ange cruel qui fouette des soleils.

Singulière fortune où le but se déplace,
Et, n'étant nulle part, peut être n'importe où!
Où l'Homme, dont jamais l'espérance n'est lasse,
Pour trouver le repos court toujours comme un fou!

for Maxime Du Camp

I

The wide-eyed child in love with maps and plans
Finds the world equal to his appetite.
How grand the universe by light of lamps,
How petty in the memory's clear sight.

One day we leave, with fire in the brain,
Heart great with rancor, bitter in its mood;
Outward we travel on the rolling main,
Lulling infinity in finitude:

Some gladly flee their homelands gripped in vice,
Some, horrors of their childhood, others still—
Astrologers lost in a woman's eyes—
Some perfumed Circe with a tyrant's will.

Not to become a beast, each desperate one
Makes himself drunk on space and blazing skies;
The gnawing ice, the copper-burning sun
Efface the scars of kisses and of lies.

But the true voyagers set out to sea
Just for the leaving's sake; hearts lift aloft,
Nothing dissuades them from their destiny,
Something beyond their knowing cries, "We're off!"

These, then, whose ecstasies are wide as air
As conscripts dream of cannons, have their dreams
Of luxuries beyond what man can bear,
Such as the soul has neither named nor seen.

II

Our actions are grotesque—in leaps and bounds
We waltz like balls or tops; when day is done
Our curiosity rolls us around
As if a cruel Angel lashed the sun.

Strange thing it is, to chase a shifting fake—
A goal that's nowhere, anywhere at all!
Man, whose anticipation stays awake,
To find his rest goes racing like a fool!

Notre âme est un trois-mâts cherchant son Icarie;
Une voix retentit sur le pont: « Ouvre l'œil! »
Une voix de la hune, ardente et folle, crie:
« Amour . . . gloire . . . bonheur! » Enfer! c'est un écueil!

Chaque îlot signalé par l'homme de vigie
Est un Eldorado promis par le Destin;
L'Imagination qui dresse son orgie
Ne trouve qu'un récif aux clartés du matin.

O le pauvre amoureux des pays chimériques!
Faut-il le mettre aux fers, le jeter à la mer,
Ce matelot ivrogne, inventeur d'Amériques
Dont le mirage rend le gouffre plus amer?

Tel le vieux vagabond, piétinant dans la boue,
Rêve, le nez en l'air, de brillants paradis;
Son œil ensorcelé découvre une Capoue
Partout où la chandelle illumine un taudis.

III

Étonnants voyageurs! quelles nobles histoires
Nous lisons dans vos yeux profonds comme les mers!
Montrez-nous les écrins de vos riches mémoires,
Ces bijoux merveilleux, faits d'astres et d'éthers.

Nous voulons voyager sans vapeur et sans voile!
Faites, pour égayer l'ennui de nos prisons,
Passer sur nos esprits, tendus comme une toile,
Vos souvenirs avec leurs cadres d'horizons.

Dites, qu'avez-vous vu?

IV

                         « Nous avons vu des astres
Et des flots; nous avons vu des sables aussi;
Et, malgré bien des chocs et d'imprévus désastres,
Nous nous sommes souvent ennuyés, comme ici.

La gloire du soleil sur la mer violette,
La gloire des cités dans le soleil couchant,
Allumaient dans nos cœurs une ardeur inquiète
De plonger dans un ciel au reflet alléchant.

Our soul's three-master seeks the blessed isle;
A voice on deck shouts "Ho there, have a look!"
Some crows-nest spy cries in romantic style
"Love . . . glory . . . happiness!" Damn, just a rock!

Each isle is named the long-awaited sight,
The Eldorado of our Destiny;
Fancy, that grows us orgies in the night,
Breaks on a reef in morning's clarity.

Oh the inebriate of distant lands,
This sot who sees Americas at will,
Must he be chained, abandoned on the sands,
Whose visions make the gulf more bitter still?

So the old tramp who shuffles in the filth
Dreams of a paradise and lifts his head—
In his wild eyes, Capua and her wealth
Wherever candle glow lights up a shed.

III

Fabulous voyagers! What grand accounts
Are there behind your deep and distant stare!
Show us your treasures, all the vast amounts
Of jewels and riches made of stars and air.

We're travelers afraid of steam and sail!
Here in our prison every day's the same.
Oh paint across the canvas of our souls
Your memoirs, with horizon as their frame.

Tell us, what have you seen?

IV

                              "We've seen the stars
And waves, and we have seen the sandy shores;
Despite disasters, all our jolts and jars,
On sea, on land we find that we are bored.

The glorious sun across the violet sea,
Great sunlit cities dreaming as they lie,
Made our hearts yearn with fierce intensity
To plunge toward those reflections in the sky.

Les plus riches cités, les plus grands paysages,
Jamais ne contenaient l'attrait mystérieux
De ceux que le hasard fait avec les nuages.
Et toujours le désir nous rendait soucieux!

—La jouissance ajoute au désir de la force.
Désir, vieil arbre à qui le plaisir sert d'engrais,
Cependant que grossit et durcit ton écorce,
Tes branches veulent voir le soleil de plus près!

Grandiras-tu toujours, grand arbre plus vivace
Que le cyprès? — Pourtant nous avons, avec soin,
Cueilli quelques croquis pour votre album vorace,
Frères qui trouvez beau tout ce qui vient de loin!

Nous avons salué des idoles à trompe;
Des trônes constellés de joyaux lumineux;
Des palais ouvragés dont la féerique pompe
Serait pour vos banquiers un rêve ruineux;

Des costumes qui sont pour les yeux une ivresse;
Des femmes dont les dents et les ongles sont teints,
Et des jongleurs savants que le serpent caresse. »

V

Et puis, et puis encore?

VI

« O cerveaux enfantins!

Pour ne pas oublier la chose capitale,
Nous avons vu partout, et sans l'avoir cherché,
Du haut jusques en bas de l'échelle fatale,
Le spectacle ennuyeux de l'immortel péché:

La femme, esclave vile, orgueilleuse et stupide,
Sans rire s'adorant et s'aimant sans dégoût;
L'homme, tyran goulu, paillard, dur et cupide,
Esclave de l'esclave et ruisseau dans l'égout;

Le bourreau qui jouit, le martyr qui sanglote;
La fête qu'assaisonne et parfume le sang;
Le poison du pouvoir énervant le despote,
Et le peuple amoureux du fouet abrutissant;

Rich cities, and the grandest mountain spires
Somehow could never hold the same allure
As shifting clouds, the shapes of our desires,
Which left us unfulfilled and insecure.

—Surely enjoyment quickens passion's spark.
Desire, old tree, you fatten on delight,
It goes to fill and toughen up your bark,
Your branches greet the sun from nearest height!

Do you grow always taller, first of trees,
Older than cypress?—Still, we have with care
Brought sketch-book pieces from across the seas
For brothers who love all that's strange and rare!

Idols with trunks we've greeted in our time;
Great palaces enwrought with filigree
And jeweled thrones in luminous design,
To send your brokers dreams of bankruptcy;

Scant costumes which can stupefy the gaze
On painted women, every nail and tooth,
And subtle jugglers, wise in serpent's ways."

V

And then, and then what more?

VI

"Oh childish dupes!

You want the truth? We'll tell you without fail—
We never thought to search it out, but saw
From heights to depths, through all the mortal scale
The numbing spectacle of human flaw.

Woman, vile slave, proud in stupidity,
Tasteless and humorless in self-conceit;
Man, greedy tyrant, lustful, slovenly,
Slave of the slave, a sewer in the street;

The hangman jokes, the martyr sobs and dies,
The feast of blood is seasoned perfectly;
Poison of power cuts a king to size,
Whose subjects love the whip's brutality.

Plusieurs religions semblables à la nôtre,
Toutes escaladant le ciel; la Sainteté,
Comme en un lit de plume un délicat se vautre,
Dans les clous et le crin cherchant la volupté;

L'Humanité bavarde, ivre de son génie,
Et, folle maintenant comme elle était jadis,
Criant à Dieu, dans sa furibonde agonie:
« O mon semblable, ô mon maître, je te maudis! »

Et les moins sots, hardis amants de la Démence,
Fuyant le grand troupeau parqué par le Destin,
Et se réfugiant dans l'opium immense!
— Tel est du globe entier l'éternel bulletin. »

VII

Amer savoir, celui qu'on tire du voyage!
Le monde, monotone et petit, aujourd'hui,
Hier, demain, toujours, nous fait voir notre image:
Une oasis d'horreur dans un désert d'ennui!

Faut-il partir? rester? Si tu peux rester, reste;
Pars, s'il le faut. L'un court, et l'autre se tapit
Pour tromper l'ennemi vigilant et funeste,
Le Temps! Il est, hélas! des coureurs sans répit,

Comme le Juif errant et comme les apôtres,
A qui rien ne suffit, ni wagon ni vaisseau,
Pour fuir ce rétiaire infâme; il en est d'autres
Qui savent le tuer sans quitter leur berceau.

Lorsque enfin il mettra le pied sur notre échine,
Nous pourrons espérer et crier: En avant!
De même qu'autrefois nous partions pour la Chine,
Les yeux fixés au large et les cheveux au vent,

Nous nous embarquerons sur la mer des Ténèbres
Avec le cœur joyeux d'un jeune passager.
Entendez-vous ces voix, charmantes et funèbres,
Qui chantent: « Par ici! vous qui voulez manger

Le Lotus parfumé! c'est ici qu'on vendange
Les fruits miraculeux dont votre cœur a faim;
Venez vous enivrer de la douceur étrange
De cette après-midi qui n'a jamais de fin! »

Religions like our own in most details
Climb skyward on their saints, who it is said
Indulge their lusts with hairshirts or with nails,
As dainty fops sprawl on a feather bed.

Drunk on her genius, Humanity,
Mad now as she has always been, or worse,
Cries to her God in raging agony:
'Master, my image, damn you with this curse!'

Not quite so foolish, bold demented men
Flee from the feeding lot that holds the herd;
Their boundless shelter is an opium den.
—From all the world, such always is the word."

VII

How bitter, what we learn from voyaging!
The small and tedious world gives us to see
Now, always, the real horror of the thing,
Ourselves—that sad oasis in ennui!

Must one depart? or stay? Stand it and stay,
Leave if you must. One runs, one finds a space
To hide and cheat the deadly enemy
Called Time. Alas, some run a constant race—

The twelve apostles, or the Wandering Jew—
For them no ship avails, no ways or means
To flee that gladiator; others who
Stick to their cradles waste away the fiend.

Finally, though, his boot is on our chest;
Then may we hope, and call out "Onward ho!"
Even as once we set out for the East,
Our eyes fixed wildly, hair blown to and fro,

Now sailing on the sea of shades we go,
With all the plans of passengers well-pleased
To hear the voice, funereal and low,
Which sings: "This way! Come here and take your ease

And eat the Lotus! Here we gather in
These fruits for hearts that yearn for strange delights;
Intoxicate yourselves on alien
Enjoyment through these days without a night."

A l'accent familier nous devinons le spectre;
Nos Pylades là-bas tendent leurs bras vers nous.
« Pour rafraîchir ton cœur nage vers ton Electre! »
Dit celle dont jadis nous baisions les genoux.

VIII

O Mort, vieux capitaine, il est temps! levons l'ancre!
Ce pays nous ennui, ô Mort! Appareillons!
Si le ciel et la mer sont noirs comme de l'encre,
Nos cœurs que tu connais sont remplis de rayons!

Verse-nous ton poison pour qu'il nous reconforte!
Nous voulons, tant ce feu nous brûle le cerveau,
Plonger au fond du gouffre, Enfer ou Ciel, qu'importe?
Au fond de l'Inconnu pour trouver du *nouveau!*

We understand the phantom's friendly part,
That Pylades who reaches out to tease:
"Swim toward Electra now, to ease your heart!"
She cries—and long ago we kissed her knees.

VIII

Oh Death, old captain, time to make our trip!
This country bores us, Death! Let's get away!
Even if sky and sea are black as pitch
You know our hearts are full of sunny rays!

Serve us your poison, sir, to treat us well!
Minds burning, we know what we have to do,
And plunge to depths of Heaven or of Hell,
To fathom the Unknown, and find the *new!*

Mon berceau s'adossait à la bibliothèque,
Babel sombre, où roman, science, fabliau,
Tout, la cendre latine et la poussière grecque,
Se mêlaient. J'étais haut comme un in-folio.
Deux voix me parlaient. L'une, insidieuse et ferme,
Disait: « La Terre est un gâteau plein de douceur;
Je puis (et ton plaisir serait alors sans terme!)
Te faire un appétit d'une égale grosseur. »
Et l'autre: « Viens! oh! viens voyager dans les rêves,
Au delà du possible, au delà du connu! »
Et celle-là chantait comme le vent des grèves,
Fantôme vagissant, on ne sait d'où venu,
Qui caresse l'oreille et cependant l'effraie.
Je te répondis: « Oui! douce voix! » C'est d'alors
Que date ce qu'on peut, hélas! nommer ma plaie
Et ma fatalité. Derrière les décors
De l'existence immense, au plus noir de l'abîme,
Je vois distinctement des mondes singuliers,
Et, de ma clairvoyance extatique victime,
Je traîne des serpents qui mordent mes souliers.
Et c'est depuis ce temps que, pareil aux prophètes,
J'aime si tendrement le désert et la mer;
Que je ris dans les deuils et pleure dans les fêtes,
Et trouve un goût suave au vin le plus amer;
Que je prends très-souvent les faits pour des mensonges,
Et que, les yeux au ciel, je tombe dans des trous.
Mais la voix me console et dit: « Garde tes songes;
Les sages n'en ont pas d'aussi beaux que les fous! »

My cradle rocked below the stacks of books—
That Babel of instructions, novels, verse
Where Roman rubbish mixed with Grecian dust.
I was no taller than a folio,
But heard two voices. One, beguiling, bold
Proclaimed, "The world is just a piece of cake!
And I, to give you endless joy, offer
You appetite to take it in a bite!"
But then the other: "Come dream-voyager,
Beyond the possible, beyond the known!"
And that one chanted like the North Sea wind,
A wailing phantom out of God knows where,
Caressing, yet still frightening the ear.
I answered, "Yes, sweet voice!" And from that time,
That date, my wound was named, my fate was sealed.
Behind the scenery of this immense
Existence, through abysmal blackness, I
Distinctly see the wonder of new worlds,
And, fervid victim of my clairvoyance,
I walk with serpents striking at my shoes.
And it is since that time that, prophet-like,
I love so tenderly the desert wastes;
I laugh in pain and cry on holidays
And tempt my palate with the sourest wine;
I take for truth what others call a lie
And, eyes to heaven, trip into a ditch.
But then my voice says, "Madman, keep your dreams;
The wise have nothing beautiful as they!"

Les amants des prostituées
Sont heureux, dispos et repus;
Quant à moi, mes bras sont rompus
Pour avoir étreint des nuées.

C'est grâce aux astres nonpareils,
Qui tout au fond du ciel flamboient,
Que mes yeux consumés ne voient
Que des souvenirs de soleils.

En vain j'ai voulu de l'espace
Trouver la fin et le milieu;
Sous je ne sais quel œil de feu
Je sens mon aile qui se casse;

Et brûlé par l'amour du beau,
Je n'aurai pas l'honneur sublime
De donner mon nom à l'abîme
Qui me servira de tombeau.

Those men who cuddle whores for love
Are sated by their darlings' charms,
But I have only tired arms
From having hugged the clouds above.

Thanks to the stars, the matchless ones
Which flame within the depths of skies,
All I can see with burnt-out eyes
Are dark remembrances of suns.

In vain I've tried to find the heart
Of space, to venture deeper, higher;
Under who knows what eye of fire
My weary wings will break apart;

And burned by love of beauty, I
Will not achieve my poignant wish,
To give my name to the abyss,
The tomb below, to which I fly.

Sois sage, ô ma Douleur, et tiens-toi plus tranquille.
Tu réclamais le Soir; il descend; le voici:
Une atmosphère obscure enveloppe la ville,
Aux uns portant la paix, aux autres le souci.

Pendant que des mortels la multitude vile,
Sous le fouet du Plaisir, ce bourreau sans merci,
Va cueillir des remords dans la fête servile,
Ma Douleur, donne-moi la main; viens par ici,

Loin d'eux. Vois se pencher les défuntes Années,
Sur les balcons du ciel, en robes surannées;
Surgir du fond des eaux le Regret souriant;

Le Soleil moribond s'endormir sous une arche,
Et, comme un long linceul traînant à l'Orient,
Entends, ma chère, entends la douce Nuit qui marche.

Be good, my Grief, and quiet your despair.
You call for Evening; it descends, is here;
Around the town, a darkness in the air
Promising peace to some, to others care.

While most, the rabid multitude of men,
Lashed by their Lust, in merciless torment,
Gather remorse on slavish holiday,
My Grief, give me your hand and come away,

Away from them. Look, as the years lean down
From Heaven's porches, clothed in ancient gowns;
Grinning Regret looms from the water's depths;

Under an archway sleeps the dying sun,
And, like a shroud swept to the Orient,
Listen, my Dear, the sweet Night walks along.

Tes beaux yeux sont las, pauvre amante!
Reste longtemps, sans les rouvrir,
Dans cette pose nonchalante
Où t'a surprise le plaisir.
Dans la cour le jet d'eau qui jase
Et ne se tait ni nuit ni jour,
Entretient doucement l'extase
Où ce soir m'a plongé l'amour.

> La gerbe épanouie
>   En mille fleurs,
> Où Phœbé réjouie
>   Met ses couleurs,
> Tombe comme une pluie
>   De larges pleurs.

Ainsi ton âme qu'incendie
L'éclair brûlant des voluptés
S'élance, rapide et hardie,
Vers les vastes cieux enchantés.
Puis, elle s'épanche, mourante,
En un flot de triste langueur,
Qui par une invisible pente
Descend jusqu'au fond de mon cœur.

> La gerbe épanouie
>   En mille fleurs,
> Où Phœbé réjouie
>   Met ses couleurs,
> Tombe comme une pluie
>   De larges pleurs.

O toi, que la nuit rend si belle,
Qu'il m'est doux, penché vers tes seins,
D'écouter la plainte éternelle
Qui sanglote dans les bassins!
Lune, eau sonore, nuit bénie,
Arbres qui frissonnez autour,
Votre pure mélancolie
Est le miroir de mon amour.

> La gerbe épanouie
>   En mille fleurs,
> Où Phœbé réjouie
>   Met ses couleurs,
> Tombe comme une pluie
>   De larges pleurs.

Poor tired love, your eyes are closed;
Stay through the night, and rest them well—
How nonchalant your sleeping pose
When lassitude has mastered you.
The fountain gossips in the square
Gently through the dark and day,
Speaks to the depths of ecstasy
Where I am plunged, tonight, by love.

> The sheaf opens out
>   In a thousand flowers
> That Phoebe, delighted,
>   Touches with colors—
> Arches and falls
>   In a rain of tears.

And thus your passion's soul, which fires
The scorching lightning of delights,
Strikes forward swiftly, fearlessly
Toward the vast enchanted skies,
Then dying, overflows herself,
Becomes a mournful, languorous flood
Invisibly, mysteriously
Flowing into my deepest heart.

> The sheaf opens out
>   In a thousand flowers
> That Phoebe, delighted,
>   Touches with colors—
> Arches and falls
>   In a rain of tears.

My dear, made lovelier by the night,
How sweet to me when on your breast
To listen to the old lament
Which softly sobs about the pools!
Moon, sounding water, quivering trees,
The blessed midnight all above—
Your melancholy purity
Becomes the mirror of my love.

> The sheaf opens out
>   In a thousand flowers
> That Phoebe, delighted,
>   Touches with colors—
> Arches and falls
>   In a rain of tears.

A note on texts: In the matter of the ordering of poems in this volume, I follow the practice of Marthiel and Jackson Matthews, whose New Directions collection of Baudelaire translations by various authors helped me with my first experience of immersion in *Les Fleurs Du Mal*. The texts are those of the edition of Baudelaire's *Oeuvres* in the "Bibliothèque de la Pléiade" Series, Éditions Gallimard, 1961.

Some of the translations included in this volume first appeared in the following publications, in some cases in slightly different form:

Hiram Poetry Review: "A Former Life," "Spleen I and II"
Northeast: "Sorrows of the Moon"
Pikestaff Forum: "To the Reader," "The Enemy," "The Cracked Bell," "Metamorphoses of the Vampire," "Voyage to Cythera," "The Death of Lovers," "St. Peter's Denial"
Southern Humanities Review: "To a Creole Lady"
Translation: "Dusk"

Index of French Titles